LUZERN
LUZERN...

Dominik Riedo (Hg.)

LUZERN LUZERN...

Literarische Spuren
Ein Lesebuch

And there they are, yodelling yokels, none the worse for their ducking and *gewittermassen* as free as you fancy to quit their homeseek *heimat* and leave the ritzprinz of their chyberschwitzerhoofs all over both worlds, cisalpic and transatlantine.

James Joyce

INHALT

HANS CHRISTIAN ANDERSEN
Schweizer Rechtschreibung — 12

LOU ANDREAS-SALOMÉ
Aussprache am Löwendenkmal — 14

BETTINA VON ARNIM
Schmeckende Schnecken — 16

VLADIMIR BENEDIKTOV
Luzern — 17

WOLFGANG BORTLIK
Oléolé Luzern — 19

JAMES FENIMORE COOPER
Ermattung in allen Gliedern — 22

RENWARD CYSAT
Das Gespenst in der Furrengasse — 25

FJODOR MICHAILOWITSCH DOSTOJEWSKI
Bedrückende Naturschönheiten — 27

JOSEPH VON EICHENDORFF
Pilatussage — 28

HEINRICH FEDERER
Andante — 29

OTTO FLAKE
Geologische Perioden — 31

THEODOR FONTANE
Denkmäler in der Schweiz — 32

ZSUZSANNA GAHSE
Der Sonnenberg — 36

PHILIPP GALEN
Röhrenverlegung — 37

HEINRICH GEBHARD
Luzerner Septett — 40

JOHANN WOLFGANG VON GOETHE
Wie man Luzern bereist — 43

GEORG GRABENHORST
An den Lido — 44

FRANZISKA GREISING
Die Flickstelle im Zonenplan — 46

JACOB UND WILHELM GRIMM
Der Drache fährt aus 50

SINAÏDA GUSSEWA
An den Ufern der Reuss 52

GERHARD ANTON VON HALEM
Amphitheatralisch am See 53

ADOLF HALLER
Schiff in Not 58

EVELINE HASLER
Hexenkind im Turm 61

ELISABETH HELBLING-KOTTMANN
Aus meiner alten Stadt 63

GEORG HERWEGH
Ballade vom verlornen König 66

HERMANN HESSE
Lieben und geniessen 67

HÖSLI
Reussbühl 68

RICARDA HUCH
Luzern 70

VICTOR HUGO
Morgenstimmung 74

FRANZ KAFKA
Wut über alles 75

FRANZ JOSEPH KAUFMANN
Hagelschlag über Luzern 77

AUGUSTIN KELLER
Der Bettelknabe 80

GOTTFRIED KELLER
Ein bescheidenes Kunstreischen 83

RUEDI KLAPPROTH
Das Geheimnis im Turm 85

PAVEL KOHOUT
Begegnung auf der Brücke 87

JOSEF VITAL KOPP
Ausmusterung 90

JOSEPH EUTYCH KOPP
Das Brandunglück oder Die Schreckensnacht in Luzern   92

CÉCILE LAUBER
Die Glocken der Hofkirche Luzerns   99

GERTRUD LEUTENEGGER
Das verlorene Monument   101

OTTO HELLMUT LIENERT
Traumhaftes Luzern   104

Z. LINDEN
s Paradiesgässli   106

CARL ALBERT LOOSLI
Der Siegwarthandel!   107

ALOIS LÜTOLF
Der Untergang Lucerns
(eine Weissagung Bruder Klausens)   111

KLAUS MANN
Tagebuch 1935   112

LUDWIG MARCUSE
Geisterinsel Tribschen   113

NIKLAUS MEIENBERG
Die Kapellbrücke: Ein rentabler Brand in Luzern   115

GERHARD MEIER
Klänge, die als Robe umfangen   118

E. Y. MEYER
Von der Sonnmatt in die Stadt   119

KUNO MÜLLER
Der Luzerner als Kind seiner Landschaft   123

ANTON MÜLLER-ERMENSEE
Das Gespenst in der Luzerner Neustadt   127

DÉO NAMUJIMBO
Luzern und die Schweiz Afrikas   129

KONRAD NEUMANN
Der Eggbub erlebt den Sonderbundskrieg   131

FRIEDRICH NIETZSCHE
Freund und Nachbar in Luzern   134

BEAT PORTMANN
Die Busfahrt in die Stadt   136

KUNO RAEBER
Eine merkwürdige Gesellschaft 139

GONZAGUE DE REYNOLD
Die Gedanken Luzerns 140

ANNA RICHLI
Jahrhundertwende 143

RAINER MARIA RILKE
Die «Freie Vereinigung Gleichgesinnter» 146

DIEBOLD SCHILLING
Vom Krienbach 147

ARTHUR SCHOPENHAUER
Ein kleines, schlechtgebautes Städtchen 150

MARGRIT SCHRIBER
Rauchrichter 152

WASSILI ANDREJEWITSCH SCHUKOWSKI
Das Chaos der Berge 154

SIR WALTER SCOTT
Aufbruch 155

W. G. SEBALD
Fussnote 156

JOHANN GOTTFRIED SEUME
Krieg und Forellen 157

GEORGES SIMENON
Auf dem Bürgenstock 159

CARL SPITTELER
Ein kleines Abenteuer 163

DÖLF STEINMANN
Orgelgewitter 164

KASPAR SUBINGER
Die Feuertaufe 167

LEO NIKOLAJEWITSCH TOLSTOI
Am Kai 170

ALEXANDER IWANOWITSCH TURGENEW
Brief aus Florenz nach Simbirsk 172

MARK TWAIN
Bummel durch Luzern 174

JOHANN MARTIN USTERI
Der Storch von Luzern 178

IVAN VAZOV
Luzern 181

CHRISTINA VIRAGH
Der Pilatus 182

ALBRECHT VON BONSTETTEN
Permuniti oppidi Lucernensis 185
Die vil vest stat Luzern 186

AGNES VON SEGESSER
Die unvermeidliche Fastnacht 188

RICHARD WAGNER
Ich habe viel erlebt 191

OTTILIE WILDERMUTH
Das Mondloch 194

THEODOR WIRZ
Der Turi 196

HU ZHENGZHI
Sonst gibt es in Luzern nichts zu sehen 198

ZHU ZIQING
Ein Zug frischer Luft 202

ANONYMUS
Die Danck-Sagende Pallas und Heyl-Eyffernde Flora 205

NACHWORT 210

HANS CHRISTIAN ANDERSEN
1805–1875

Schweizer Rechtschreibung

Hans Christian Andersen war mehrmals in Luzern. 1852 wohnte er im «Hotel Schwanen», mit einer «herrlichen Aussicht auf den See», wie er in seinem Tagebuch notiert. Und er schreibt weiter: «Abends sassen Viggo und ich bei gekochtem Schinken, Käse und Schweizer Butter und tranken Wein aus dem Waadtland; von einem Boot auf dem See erklang ein Waldhorn mit vielen bekannten Melodien, auf dem Berg brannte ein Feuer, und Leute wanderten still dem See entlang.»

Wenn Andersen in Luzern weilte, suchte er jedes Mal Thorwaldsens Löwendenkmal auf: «Die Stätte selbst, obzwar nahe der Stadt und dicht an der Strasse, strahlt eine merkwürdige Einsamkeit aus, als ruhten die gefallenen Helden im Schatten dieser Bäume. Ein alter Soldat der Schweizergarde hält Wache, er erzählt uns, dass er als Bub Trommelschläger in der Garde war, und dass der dänische Bildhauer, der das Modell schuf, auf der Reise nach Dänemark einmal hier war.» Andersen seinerseits vermochte das Wissen des Veteranen zu ergänzen, indem er ihm von Bertel Thorwaldsen, den er persönlich kannte, erzählte. Der Dichter ärgerte sich übrigens bei jedem Besuch darüber, dass der Name Thorwaldsens in verstümmelter Form, «Thorwadsen», in das Monument eingehauen war – «ein Fehler, der sich nicht berichtigen lässt».

1944, ganze 69 Jahre nach Andersens Tod, wurde dieser Fehler, der auch viele andere Dänen gestört hatte, zum Glück dennoch berichtigt.

Auf Initiative von Carl Pfyffer von Altishofen entstand 1821 das Löwendenkmal

Text von Dominik Riedo mit Zitaten aus Hans Christian Andersens Tagebuch. Andersen besuchte die Schweiz mehr als zehn Mal (meist auf der Durchreise nach Italien) und weilte auch mehrmals in Luzern.

LOU ANDREAS-SALOMÉ
1861–1937

Aussprache am Löwendenkmal

Als wir Rom verliessen, schien das zunächst erledigt; in letzter Zeit litt Nietzsche überdies vermehrt an seinen «Anfällen» – an der Krankheit, wegen derer er sich einstmals seiner Baseler Professur hatte entledigen müssen und die sich anliess wie eine furchtbar übersteigerte Migräne; Paul Rée blieb deshalb noch in Rom bei ihm, während meine Mutter – wie ich mich zu erinnern glaube – es für passender hielt, mit mir vorauszureisen, so dass wir erst unterwegs wieder zueinander stiessen. Wir machten dann zusammen zwischendurch Station, z. B. in Orta an den oberitalienischen Seen, wo der nebengelegene Monte sacro uns gefesselt zu haben scheint; wenigstens ergab sich eine unbeabsichtigte Kränkung meiner Mutter dadurch, dass Nietzsche und ich uns auf dem Monte sacro zu lange aufgehalten hatten, um sie rechtzeitig abzuholen, was auch Paul Rée, der sie inzwischen unterhielt, sehr übel vermerkte. Nachdem wir Italien verlassen, machte Nietzsche einen Sprung zu Overbecks in Basel, kam aber von dort gleich nochmals mit uns in Luzern zusammen, weil ihm nun hinterher Paul Rées römische Fürsprache für ihn ungenügend erschien und er sich persönlich mit mir aussprechen wollte, was dann am Luzerner Löwengarten geschah. Gleichzeitig betrieb Nietzsche auch die Bildaufnahme von uns Dreien, trotz heftigem Widerstreben von Paul Rée, der lebenslang einen krankhaften Abscheu vor der Wiedergabe seines Gesichts behielt. Nietzsche, in übermütiger Stimmung, bestand nicht nur darauf, sondern befasste sich persönlich und eifrig mit dem Zustandekommen von den Einzelheiten – wie dem kleinen (zu klein geratenen!) Leiterwagen, sogar dem Kitsch des Fliederzweiges an der Peitsche usw.

Lou von Salomé, Paul Rée und Friedrich Nietzsche

Ausschnitt aus: *Lebensrückblick – Grundriss einiger Lebenserinnerungen*; posthum veröffentlicht 1951. Friedrich Nietzsche machte Lou Andreas-Salomé vor dem Luzerner Löwendenkmal im Mai 1882 den zweiten von zwei Heiratsanträgen, den Lou von Salomé – wie sie damals noch hiess – erneut ablehnte. In Luzern ist auch die am Ende des Ausschnitts erwähnte, inzwischen berühmte Fotoaufnahme mit dem Leiterwägelchen inszeniert worden.

BETTINA VON ARNIM
1785–1859

Schmeckende Schnecken

Unterdes erzählte er mir, es sei ihm in der Schweiz was Sonderbares geschehen, man habe ihm nämlich erzählt, dass es in waldigen Berggegenden eine Art Schnecken gäb, die sehr schmecken, und dass es auf dem Weg von Luzern irgendwohin auf einem Berg sehr viel solcher schmeckender Schnecken gibt, er habe solche auch in Masse im Wald angetroffen und einen so starken Appetit danach bekommen, dass er ihrer mehrere gegessen und ganz satt davon geworden sei, als er ins Wirtshaus zurückkam, verbat er sich sein Mittagessen, weil er zu viel von den so gut schmeckenden Schnecken gefunden, und habe sie mit so grossem Appetit verzehrt, dass er unmöglich noch was geniessen könne. «Wie?» – sagte der Wirt, «Sie haben die schmeckenden Schnecken gegessen?» – «Nun ja, warum nicht, sagten Sie nicht selbst, dass die Schnecken sehr wohl schmecken und dass die Leute gewaltig danach her sind, sie zu sammeln?» – «Ja! *sehr schmecken* hab ich gesagt, aber nicht: *wohl! – schmecken* heisst bei uns *stinken,* und die Leute sammeln sie für die Gerber, um das Leder einzuschmieren.» – So hab ich also dieses Gerbemittel gespeist und mich sehr wohl dabei befunden, erzählte Herr Arenswald, während ich sehr errötet in die Luft guckte, denn es war kein andrer Platz da, ohne auf eine grobe Sünde des gänzlichen Mangels zu stossen. – Die Schneckenmahlzeit mag nun wahr sein oder auch erfunden, um mir auf eine feine Art verstehen zu geben, dass ihn der Hunger dazu gezwungen.

Ausschnitt aus dem Briefroman *Die Günderode* von 1840. Bettina von Arnim verarbeitet in dem Roman die Zeit ihrer Freundschaft mit Karoline von Günderrode und deren Freitod.

VLADIMIR BENEDIKTOV
1807–1873

Luzern

Als gäb's weder Winde noch Stürme,
Als wär er ein Spiegel seit je,
Schläft friedlich im Schatten der Türme
Luzerns der smaragdene See.
Die zierlichen Muster der Strömung,
Die silbern sich kräuselnde Flut,
Die Tiefen in dunklerer Tönung:
Ihr Anblick, wie tut er nur gut!
Die Falten verlaufen in Reihen
So fein übers Wasser dahin,
Als würde ein Engel sie zeichnen;
Wer kennt ihren heimlichen Sinn?
Zwei Riesen erstehn vor der Wiege
Des Sees – ein erhabenes Bild! –,
Sie heissen Pilatus und Rigi,
Von Nebeln sind sanft sie umhüllt.
Dazwischen, in strahlenden Höhen,
Am Grunde des Äthers, da kann
Das Aug hohe Gipfel ersehen,
Der Alpen gewaltigen Kamm.
Der eine hat stolze Arkaden,
Der andre ist kantig-vereist;
Und höher und höher sie ragen:
Wer ist wohl der höchste im Kreis?
Die Linien, wie Zaubergebilde,
Verlaufen mal spitz, mal gewellt;
Darüber, in blauem Gefilde,
Die Kuppel, das Himmelsgewölb.
Und klar in der Ferne erschimmert

Ihr durchsichtig-dunstiges Bild,
Und rätselhaft ist es dem Himmel
In heimlicher Hochzeit vermählt.
Und sieh – da sind Gipfel, die ragen
In hellerem Glanz in die Höh:
Auf Schultern, auf mächtigen, tragen
Sie Hüllen von ewigem Schnee.
Er liegt auf den felsigen Rücken
So sachte, als wär er Glasur,
Als fürchtete er zu erdrücken
Der heiligen Berge Skulptur.
Die aber, von wolkigem Flaume,
Von nebligem Dampfe umweht,
Verbreiten nun Weihrauch im Raume,
Verweilen in stillem Gebet.
Ich bete voll Rührung mit ihnen,
Ich tauch in den Himmel wie sie;
Und grosse und glühende Tränen
Benetzen mich reichlich wie nie.
Ich möchte in Worte es fassen
Doch flüstert in strahlendem Kleid
Der Genius der Berge mir: Lass es!
Verdirb es nicht, staune – und schweig!

Das Gedicht ist anlässlich einer Reise des russischen Autors im Sommer des Jahres 1858 entstanden.

WOLFGANG BORTLIK
* 1952

Oléolé Luzern

Luzern zu Beginn des 21. Jahrhunderts. Auf der Kapellbrücke simulieren amerikanische Touristen den Einmarsch in den Irak. Am Löwendenkmal stauen sich Bollywood-gestählte Grossfamilien aus Indien auf der Suche nach dem verlorenen Curry. Beim Bourbakidenkmal urinieren russische Oligarchen an historische Zeugnisse und werfen hohnlachend die leeren Wodkagläser hinter sich. Vor dem KKL jodeln chinesische Horden um die Wette, und ein paar Saudiaraber haben gerade das Verkehrshaus gekauft.

Nur im Stadion Allmend ist Luzern noch die Innerschweizer Metropole, hier bedeuten Tradition und die Marke 1291 noch etwas. Friede, Freude und eitel Humanismus herrschen im sympathischen Kleinstadion. Stahlblau spannt sich der Himmel über dem Spielfeld. Der FC Luzern spielt im Viertelfinal des Europacups der Ewigverlierer gegen den TSV 1860 München. Gutmütig strahlt das Zentralgestirn, der Rasen glänzt, der Ball rollt, die Zuschauer feuern das Heimteam an. Aber auch eine stattliche Anzahl von Münchner Löwen-Anhängern ist versammelt.

Obwohl das Klima sein Bestes gibt, die Trainer geistvoll gestikulieren und die Ambiance sehr gepflegt ist, entwickelt sich das Spiel nur zäh. Man steht einander auf den Füssen herum. Es ist zu wenig Bewegung auf dem Feld. Fehlpass reiht sich an Fehlpass, unkontrollierte Befreiungsschläge durchzischen den Azur, Torchancen sind Mangelware.

«Ogottogottogott, was ist denn heute nur mit diesem Chiumiento los?» Man hört das Heulen eines entnervten FCL-Anhängers weit durchs Stadion. Jäh frischt ein fieses kleines Lüftchen auf.

Das Spiel wird nicht besser. Lustrigoal verliert den Ball an einen der Bender-Zwillinge. Dieser lässt die Pille gleich darauf am gestreckten Fuss von Paul Wolfisberg zurück, der zufällig aufs Rasenviereck geraten ist.

«Ja Kreuzkruzifix, wos is denn des für a Scheissdreck!», brüllt ein Fan der Sechziger und prostet seinen Leidesgenossen wacker zu. Auf einmal ist da wie ein kurzes Wehen und Wallen im immer noch makellosen Himmelsblau.

«Gopfertami, was macht denn der Bader da?» Die Stimme kommt aus der Luzerner Kurve. Die Sonne zittert im Blau, nur gerade so wie eine kurze Bildstörung. Am Horizont verschleiert sich der Azur ins Milchige. Es wird kühler, das Spiel aber nicht besser.

Ausschnitt aus dem Text *Du sollst den Namen des Herrn, deines Gottes, nicht missbrauchen* aus der Anthologie: *Kick'n'Rush – Die Bibel* von 2008 (siehe www.kick-n-rush.ch). Der gebürtige Münchner Wolfgang Bortlik lebt seit Langem in der Schweiz, zurzeit in Riehen bei Basel. Er arbeitet als Haushaltsmanager für Frau und drei Kinder und bezeichnet sich als Sportdichter, Romancier und Aushilfsschlagzeuger. Ausserdem spielt er Fussball bei den Veteranen von BCO Alemannia Basel.

Paul Wolfisberg (Mitte) im Cup-Fight FCL – GC im Jahr 1960 auf der Allmend

JAMES FENIMORE COOPER
1789–1851

Ermattung in allen Gliedern

Wir kamen an drei ganz kleinen felsigen Eilanden nahe am Strande vorüber; und ungeachtet der unbehülflichen Schifferei gab es eine ergötzliche Ruderfahrt, wornach wir in den Hafen von Lucern, den hier die Reuss bildet, glücklich und zeitig genug einliefen. Die letztere Annehmlichkeit verdankten wir indessen einem wohl eine Stunde lang anhaltenden frischen Winde, der uns gleichsam ohne unsere Schuld munter vorwärts trieb.

Wir bestellten das Mittagsessen und eilten fort nach den Sehenswürdigkeiten. Da gab es einen verwundeten Löwen zu beschauen, von Thorwaldsen aus einem daliegenden Felsen gemeisselt, zum Gedächtniss der Schweizer Leibwache, die bei der Einnahme der Tuilerien im Jahr 1792 niedergemetzelt wurde. Der Aufseher war Einer von den Wenigen, welche den blutigen Tag überlebten, und er entledigte sich seiner Obliegenheiten mit dem feinen Anstande eines Mannes, der königliche Wachtdienste gethan hat. Als Kunstwerk wird dieser Löwe mit Recht gepriesen, doch meine ich, er stehe gewissermassen einem von den beiden geschätzten Thieren Canova's nach. Gewöhnlich ist Thorwaldsen in der erhabenen Darstellung weit glücklicher als in der schönen, während bei Canova das umgekehrte Verhältniss eintritt. Doch in diesem Falle scheint der Musterbildner von Venus-, Hebe- und Magdalenengestalten aus seiner gewohnten Bahn gewichen zu sein, um mit Erfolg mit seinem grossen Gegenkämpfer um den Preis zu ringen.

In Lucern findet sich auch eine Karte von der Schweiz in erhobner Arbeit, nach einem ansehnlichen Massstabe ausgeführt, die wirklich einer aufmerksamen Betrachtung werth ist. Sie nimmt den Raum einer grossen Halle fast ganz ein, und Berge, Gletscher, Seen, Dörfer, Wege, Pfade, ja sogar Sennhütten, die der Reisenden nämlich, sind vorzüglich schön und richtig nachgebildet. Es ist das Werk mehrer

Die Totentanzbilder auf der Spreuerbrücke

mühevollen Jahre und ist ein Schatz seltner Art. Solche Karten gibt es jetzt genug, vorzüglich in Deutschland; doch diese, welche überdem durch ihre Grösse und Genauigkeit, die alle sonst übertrifft, sich vortheilhaft auszeichnet, soll die erste gewesen sein, die auf diese Art entworfen und ausgeführt wurde. Ich folgte auf dieser Karte unsern verschiednen Ausflügen mit dem grössten Nachgenuss, und mit der genauesten Nachforschung vermochte ich keinen wesentlichen Irrthum auszuspüren. Doch fehlen natürlich unendlich viele Einzelnheiten ganz und gar, obgleich deren doch noch weit mehr vorhanden sind, als man billigerweise erwarten sollte. Da ich mich nun mit der ganzen Schweiz in demselben Gemach befand, so war ich auch im Stande, mich selbst genau zu überzeugen, dass mein entdeckter Berg kein andrer als der Titlis war.

Eine von den Brücken in Lucern, die bedeckt ist, hat unter ihrer Bedachung auch einen Todtentanz, gleich dem zu Basel befindlichen berühmten Gemälde desselben Gegenstandes. Es ist eine erbärmliche Fratze, die blos als ein Ueberbleibsel aus einem finstern Zeitalter und aus einem bereits verschollenen Zustande menschlicher Verkehrtheiten einigen Werth haben kann.

Die Mauern von Lucern umschliessen eine ziemliche Strecke unausgebauter Plätze. Wie die Mauern von Zug und anderer Schweizer Städte, haben sie ein malerisches Ansehen durch die Menge von Thürmen, die, als Zierden einer Landschaft, fast in jeder Stellung, in jeder Verbindung die Reize ihrer Umgebungen erhöhen, und doch, ausser etwa bei einem plötzlichen Ueberfall, gegen die heutigen Angriffswaffen ganz wehrlos dastehen, obschon sie sich vom vierzehnten Jahrhundert her noch erhalten haben.

Wir begaben uns mit einem bis jetzt noch nie empfundenen Gefühl von Ermattung in allen Gliedern endlich zur Ruhe. Am andern Morgen erwachte ich mit einer Steifigkeit in Muskeln und Gebeinen, die ich nie erlebt hatte, und war innerlich erfreut, als ich unsern Wagen wieder bereit fand. W – – hingegen verliess uns zu Fusse, und nahm seinen Weg durch das berühme Thal von Entlibuch nach la Lorraine.

Ausschnitt aus: *Sketches of Switzerland by an American,* erstveröffentlicht 1836. Es handelt sich um das überarbeitete Reisetagebuch seiner Schweizerreise von 1828. Die deutsche Übersetzung *Ausflüge in die Schweiz* erschien im selben Jahr wie die amerikanische Originalausgabe. James Fenimore Cooper ist bekannt als der Autor von *Der letzte Mohikaner.*

RENWARD CYSAT
1545–1614

Das Gespenst in der Furrengasse

Anno 1607 hatt sich jn der statt Lucern jm Sommer by nächtlicher wyl zuo ettlichen malen ein wunderbarlich vnd erschröcklich gespenst sehen lassen. Am ersten anschow hatt es ein menschliche gstallt ghept wie ein langer, dürrer, schwartzer mann mitt langer nasen, wie es dann ein person by dem liechtschyn allso erblickt, hatt sich bald verendert vnd jn die höhe gewachsen, allso das es meer dann eins spiesses hoch worden. Mann hatt gemerckt vff sinen gang, das zuo der stund, so es wandlen wöllen, sinen gang genommen von der Eggk naher die Eggkstägen vff, da dannen über den platz gegen der Furen; hatt einen grüwlichen langen schwantz naher zogen, dessen lenge gar nach dess platzes lang gsin. Jst allso die Furen nider zogen über den Cappellplatz, denselben hüsern nach vmbgeschwenckt vnd die Cappellgass vff zogen jn das klein gesslin zwüschen der Cappell vnd Ysengassen, für dasselb gesslin hin hatt mans nit gsehn wytter ziehen.

Nacherzählung:

Im Sommer 1607 liess sich zu Luzern des Nachts wiederholt ein sonderbares und schreckliches Gespenst sehen. Erst war es von menschlicher Gestalt und glich einem hagern, hochgewachsenen Mann mit schwarzem Haar und auffallend langer Nase. So sah es jemand deutlich im Schein einer Laterne. Dann veränderte es sein Aussehen und wuchs in die Höhe, bis es die Länge eines Speeres hatte.
Als man vernahm, das Gespenst wandle, achtete man auf seinen Weg und verfolgte es sorgfältig. Man fand heraus, dass es unerwartet unter der Egg auftauchte, die Egg-Treppe emporstieg, den Kornmarkt durchquerte und seinen Gang gegen die Furrengasse nahm. Es zog einen gräulichen Schwanz hinter sich her, der so lang war wie der

Kornmarktplatz. Es schritt durch die Furrengasse zum Kapellplatz, wendete sich und ging die Kapellgasse hinauf. Beim kleinen Gässchen zwischen der Kapellgasse und der Eisengasse verschwand es so plötzlich, wie es auftauchte, und war nicht mehr zu sehen.

Originaltext: Ausschnitt aus Renward Cysats *Collectanea Chronica*. Nacherzählung von Kuno Müller. Cysat war Stadtschreiber von Luzern.

FJODOR MICHAILOWITSCH DOSTOJEWSKI
1821–1881

Bedrückende Naturschönheiten

«Wir kamen in Luzern an und fuhren dann über den See. Ich empfand, wie schön er war, fühlte mich aber dabei entsetzlich bedrückt», sagte der Fürst.

«Warum?», fragte Alexandra.

«Ich verstehe es nicht. Ich fühle mich beim ersten Anblick solcher Naturschönheiten jedesmal bedrückt und unruhig: Es ist eine aus Vergnügen und Unruhe gemischte Empfindung. Übrigens hing das alles noch mit meiner Krankheit zusammen.»

«Ach, ich möchte das zu gern einmal sehen», sagte Adelaida.

Eine romantische Kahnfahrt auf dem Vierwaldstättersee

Ausschnitt aus dem Roman *Der Idiot*. Erstveröffentlichung 1868. Der russische Autor Fjodor Michailowitsch Dostojewski weilte 1862 in Luzern.

JOSEPH VON EICHENDORFF
1788–1857

Pilatussage

Zu den ältesten Legenden gehört die wunderliche Sage «vom Pilatus», in welcher der römische Statthalter dieses Namens mit einem deutschen grimmen Königssohne Pontus identifiziert wird, der sich nach Christi Tode wegen seines ungerechten Urteilsspruches selbst um das Leben bringt und dessen Leichnam sodann erst in die Tiber, später in die Rhone geworfen wird, aber immer wieder herausgeholt werden muss, weil er als ein böser Geist überall grosse Überschwemmungen verursacht, bis man ihn endlich in den See am Pilatusberge in der Schweiz versenkt, wo er liegt bis an den Jüngsten Tag, aber die bösen Wetter in den Bergen erzeugt und den See zornig aufwühlt, so oft man einen Stein hineinwirft.

Der berüchtigte und inzwischen verschwundene Pilatussee

Ausschnitt aus: *Geschichte der poetischen Literatur Deutschlands*. Erstveröffentlichung 1857.

HEINRICH FEDERER
1866–1928

Andante

Ich studierte das erste Semester Theologie in einer kleinen, aber weltbekannten Stadt. Daneben ersann ich Gedichte. Die alte Stadt hat einen Berg, der in grauer, schroffer Felsengotik gen Himmel gipfelt. Aber sie hat auch einen grünen, immerfrischen See, der nichts lebt und nichts träumt als genussvolle Romantik. Der Berg eiferte mich streng zur Gottesgelehrtheit an, der See verführte mich unaufhörlich zum Schwärmen und Dichten. Jener wies stracks in die Höhe, dieser lockte ins duftige Breite hinaus. Und zwischen zwei so ungleichen und heftigen Winden flatterte das Fähnlein meiner Seele oft ängstlich und wirr genug herum. Aber den Schaft hielt ich immer gerade.

Nun war im Tagblatt der Prolog abgedruckt worden, den ich für den Kommers unserer Studentenfahrt verfasst hatte. Ich kann nicht sagen, dass unsere Stadt ein besonderes poetisches Herz oder auch nur ein feineres poetisches Ohr besitzt. Es lebte ja damals ein grosser Dichter lange unerkannt und später im Ruhme – im dorngekrönten! – ziemlich ungeehrt in ihr. Das ist Schweizer Brauch. Auch der grösste lebende Schweizer Dichter der Gegenwart haust heute dort beinahe wie einer, der nicht zum Bild, jedenfalls nicht zur Seele der Stadt, gehört.

Was will ich schimpfen? Ich selber, ein Narr im Poetischen wie kein zweiter, kannte jenen Mann nicht, der mächtige Lyrik und blutdurchtränkte, über alle Schranken der Bühne hinausstürmende, gloriose Dramatik schuf und bereits von einem der feinsten deutschen Fürsten ausgezeichnet worden war. Einen Arzt seines Namens, ja. Einen Dichter, nein. Der Arzt geht zehnmal vor dem Dichter. Das ist Schweizer Brauch.

Luzern um 1850, die Jesuitenkirche damals noch ohne Türme

Ausschnitt aus: *Aus jungen Tagen*. Erstveröffentlichung 1929. Heinrich Federer studierte in Luzern von 1888–1890 Theologie. Vor allem nach 1911 wurde Federer zu einem der bekanntesten Autoren der katholischen Schweiz. Bei den beiden Dichtern spielt Federer zuerst auf Arnold Ott, dann auf Carl Spitteler an.

OTTO FLAKE
1880–1963

Geologische Perioden

Luzern, am Meer gelegen, wäre mit dem ganzen See und seinen Bergen, Vorsprüngen, Gliederungen eine einzige Bucht gewesen, schöner und mächtiger als die von Rio de Janeiro, erklärte Robert dem Gefährten am ersten Abend vor der Karte. Jeden Nachmittag entführte er ihn zu Schiff und mit den Zahnradbahnen zu neuen Stätten der Aussicht: Pilatus, Rigi, Stanserhorn, Seelisberg, Bürgenstock und Brünig.

Am Sonntagmorgen zog er ihn in die Stadt, um ihm den Sterbenden Löwen zu zeigen, und sah sich vor dem Denkmal der achthundert Schweizer, die in den Tuilerien für den französischen König gefallen waren, mit einer Fülle wissbegieriger Fragen überschüttet; er vermochte nur unvollständig Antwort zu geben.

Er berichtete bei Tisch davon und wunderte sich, dass man von vergangenen Dingen erregt werden konnte, es seien denn ausgestorbene Tiere und geologische Perioden.

«Du musst deinen Gast am Nachmittag durch die Sammlungen führen», erklärte ihm seine Mutter, und Alexander vernahm, dass die Räume mit den verschlossenen Türen ein Museum bargen.

Robert brachte ihn hinunter und meinte mit der Sachlichkeit von jungen Männern, der Freund werde von allein den Rückweg finden. Zur Teestunde wurde er ausgeschickt, um ihn zu suchen. Alexander sass unter der Erasmuskopie und las in einer Kunstgeschichte.

Ausschnitt aus dem Roman *Die Sanduhr* von 1950.

THEODOR FONTANE
1819–1898

Denkmäler in der Schweiz

Der Löwe von Luzern ist ein dem Gedächtnis der Schweizergarde errichtetes Denkmal, jener in Lied und Geschichte viel gefeierten Schweizergarde, die am 10. August 1792 bei Verteidigung der Tuilerien und des französischen Königtumes fiel. Nachdem in unmittelbarer Nähe der Stadt Luzern, durch Wegsprengung eines unregelmässigen Felsenprofils, eine hohe, beinahe glatte Felswand gewonnen war, hat der ausführende Künstler in mittlerer Höhe dieser Felswand eine Nische und innerhalb dieser Nische das Kolossalbildnis eines sterbenden Löwen ausgemeisselt. Von einem abgebrochenen Lanzenschaft durchbohrt, mit der Klaue die Bourbonische Lilie schützend, liegt er da, noch im Tode ein Sieger, und trägt zu seinen Füssen die Inschrift: Helvetiorum fidei ac virtuti, «der schweizerischen Treue und Tapferkeit». Darunter folgen die Namen der an jenem Tage gefallenen Schweizer-Offiziere, sechsundzwanzig an der Zahl. Efeu und andere Schlingpflanzen umranken den Felsen, von dessen Höhe ein Quell in ein von Ahorn, Fichten und Tannen umstandenes Becken niederfliesst. Der Eindruck ist überwältigend; selbst ein den Künsten abgeneigter Sinn muss sich ergriffen fühlen. Was aber ergreift, das ist (wenigstens in erster Reihe) nicht die Schönheit des Löwenbildnisses, sondern die Schönheit des zugrunde liegenden Gedankens. Die Ausführung des Werkes (nach einem Modelle *Thorwaldsens*), glänzend wie sie ist, tritt doch hinter die *Idee* zurück, die dieses Denkmal ins Leben rief und die an ihrer Macht und Wirkung kaum eine erhebliche Einbusse erleiden würde, wenn die Ausführung minder berühmten Händen anvertraut worden wäre. Diese Idee aber, und das ist der Punkt, den ich besonders betonen möchte, reifte nicht in Kopf und Herz eines Künstlers heran, sondern wuchs unmittelbar aus dem Herzen des Schweizer Volkes oder eines einzelnen schweizerischen Mannes auf. Oberst *Pfyffer* von Luzern, einer der Schweizer-Offiziere, die den 10. August 1792, jenen Tag voll Ruhm und Unglück, überlebten, war es, der die erste Anregung zu jenem Denkmal gab. Ihm und der Originalität seiner Empfindung verdanken wir, was uns an diesem Denkmal vorzugsweise ergreift.

Auf eine solche glückliche, unmittelbar aus dem Volke heraus gewachsene Idee dürfen wir auch das zweite Denkmal, dessen ich schon erwähnte, zurückführen, jenes Schiller-Denkmal, das den Namen des Mythensteines führt. Die alten Urkantone, eine Dankbarkeit gegen den Dichter des «Wilhelm Tell» im Herzen tragend, sannen nach, wie es ihnen vergönnt sein möchte, dieser Dankbarkeit einen Ausdruck zu geben, und sie fanden Mittel und Weg, wie beides nicht einfacher und schöner gefunden werden konnte. An der Ostseite des Vierwaldstätter Sees, wo dieser nach Süden hin sich ausbuchtend den Namen des Urner Sees annimmt, und fast zu Füssen jener Bergesmatte, die den Namen des Rütli führt, wächst eine Felspyramide aus dem grünblauen Spiegel des Wassers auf, kahl, gradlinig, 80 Fuss hoch. Dieser Felskegel heisst der Mythenstein. Die Urkantone schufen diesen Stein zu einem Dank- und Denkstein um, indem sie ihm einfach an der dem See zugekehrten Seite in mächtigen, 50 Pfund schweren vergoldeten Buchstaben die lapidare Inschrift gaben: «Dem Sänger Tells, *Friedrich Schiller*. Die Urkantone 1859.» Eine schlichtere, sinnigere und zugleich vornehmere Art der Huldigung ist dem mit Standbildern gesegneten Dichter wohl an keiner andern Stelle zuteil geworden.

Beide Denkmäler, dieser Denkstein im See wie der Luzerner Löwe, entsprossen unmittelbar dem Gefühl des Volks; aber sie haben noch eine andere gemeinschaftliche Seite, auf die hinzuweisen – obwohl ihrer Bedeutung dadurch zunächst ein gewisser *Abbruch* zu geschehen scheint – an dieser Stelle wohl verlohnen möchte. Beide Denkmäler nämlich, originell wie sie sind, sind doch nicht originell in dem Sinne, dass sie bestrebt gewesen wären, etwas Nie-Dagewesenes, etwas ganz allein auf sich selbst Gestelltes in die Welt der Erscheinungen einführen zu wollen. Und dies ist abermals ein Ruhm. Die Griechen, nach Idee und Ausführung, kannten bereits Ähnliches wie den Löwen von Luzern, und die katholischen Umwohner des Vierwaldstätter Sees hatten sich längst daran gewöhnt, die Felskegel, die hier und da aus dem See aufragen, mit Heiligenbildern zu schmücken, um in Sturm und Wetter die Fürsprache dieser anzurufen. Man begegnet solchen bildgeschmückten Steinen noch vielfach, namentlich auf der Strecke von Luzern bis Küssnacht. Es war also kein Sprung, sondern ein naheliegender Schritt, von der Huldigung gegen die heilige Rosalie oder den heiligen Nikolaus von der Flüe zu einer verwandten Huldigung gegen den Dichter der Tell-Sage überzugehn. So entwickelte sich Neues aus dem Alten, und so soll es sein. Denn alles, was bestrebt ist, als ein absolut Neues ins Leben zu springen, das tut einen Sprung, der ein Salto mortale ist; alles Dauerbare, alles Natürliche hat seinen Fuss im Vergangenen, und der Wahlspruch aller echten Kunst ist: Weiterbau. Auch die Besten und Grössten standen auf den Schultern anderer. Wer vermessen diesen Zusammenhang löst, stellt sich selbst in die Luft. Er bringt es im günstigsten Fall zu einer «Erscheinung», zu einem Meteor, das fällt, wie es stieg. Gleich frei zu sein von absurder Originalität wie von konventioneller Alltäglichkeit – das ist die Aufgabe, die überall den Künsten zu lösen bleibt. Der Mythenstein und der Löwe von Luzern *haben* diese Aufgabe gelöst.

Ausschnitt aus einem Vortrag Fontanes von 1865, gedruckt erstmals 1866. Theodor Fontane reiste 1865 in die Schweiz. Der Schriftsteller widmete sich aus Geldnot der Reiseliteratur, die in der Mitte des 19. Jahrhunderts einen regelrechten Boom erlebte.

Historische Aufnahme vom Schillerstein

ZSUZSANNA GAHSE
*1946

Der Sonnenberg

Hinter unserem Haus liegt der Sonnenberg, ein wirklich sonniger Berg, an dem jetzt die Häuser hochkriechen. Die Kuppe ist noch frei, dort kann man durch den Wald und durch die Weiden spazierengehen, unterhalb der Weiden beginnen die Häuser, neue Häuser, die gerade angefangen haben, Häuser zu sein, und da gibt es Vorplätze, Gärten, Kinder, für die Kinder gibt es Fahrräder, Schlitten, Rutschen, Sandkästen, in den Gärten stehen die jungen Eltern. Sie werden an diesem Südhang wohnen bleiben, sie beginnen damit, ich kann ein Lineal nehmen und fünfzig Zentimeter für die nächsten fünfzig Jahre abstecken, in dieser Zeit werden die Eltern alt geworden sein, jetzt fangen sie ihr Leben an am Südhang. Ich weiss nicht, ob sie anfangen oder abschliessen.

Ausschnitt aus: *Kellnerroman*, veröffentlicht 1996. Zsuzsanna Gahse, geboren 1946 in Budapest, lebte nach der Flucht ihrer Eltern aus Ungarn 1956 in Wien, Kassel, Stuttgart und Luzern. Heute lebt sie in Müllheim TG/Schweiz.

PHILIPP GALEN
1813–1899

Röhrenverlegung

Vom Speisesaale im «Schwan» zu Luzern aus hat der Reisende, wenn er müde ist oder sonst keine Lust hat, sich noch einmal auf die Strasse zu begeben, eine so lohnende Aussicht auf das vor ihm liegende Naturbild, dass auch ein verwöhnter Mensch damit zufrieden sein kann. Nachdem aber unsere Freunde ihr Abendbrot daselbst verzehrt, zogen sie es doch vor, sich auf ihr Zimmer zu begeben, das noch höher als jener und glücklicherweise auch nach dem See hinaus lag, und hier erst machten sie es sich bequem, nachdem Werner bald nach seiner Ankunft den mit der Post vorausgesandten Koffer in Empfang genommen hatte.

Den Abend verbrachten sie in ernsteren Gesprächen über ihre persönlichen Angelegenheiten, dann begaben sie sich zur Ruhe, nachdem sie den Plan entworfen, wie sie den nächsten in Luzern zu verbringenden Tag benutzen wollten.

Als sie sich frühzeitig von ihrem Lager erhoben, leuchtete ihnen schon der herrliche See in smaragdenen Farben entgegen, die einen wunderbaren Glanz von der golden darüber thronenden Sonne empfingen. Alles lag klar und überschaulich vor ihren Augen, der breite Kai, die schönen Gasthäuser der Promenade, die violett angehauchten Berge, und nur der vielzackige Pilatus, eigensinnig und starr, wie so oft, hatte seine höchsten Spitzen mit einer weissen Nebelkappe verschleiert. Auf der nahen Eisenbahn aber rollten die Lokomotiven schon fleissig hin und her, und die Dampfer flogen auf dem See in allen Richtungen dahin, um ihre Insassen nach Alpnach, Küssnacht und Flüelen zu tragen und sie von da aus in verschiedene Kantone der Schweiz sich zerstreuen zu lassen.

Alle diese grossartigen und schönen Bilder bewundernd, nahmen die Freunde ihr Frühstück am Fenster ihres Zimmers ein, dann aber rüsteten sie sich, um ihren ersten Gang anzutreten, der sie nach dem

Das Löwendenkmal, damals noch mit einem Holzzaun versehen

Glanzpunkt von ganz Luzern, dem berühmten Löwendenkmal führen sollte. Allein da sollte ihr so schön angelegter Plan gleich die erste und eben nicht angenehme Abänderung erleiden. Von dem Portier des Hauses, der zufällig hörte, wohin sie gehen wollten, erfuhren sie, dass der Zugang zum Löwen auf einige Tage gesperrt sei, und auf näheres Befragen ward ihnen die Kunde zuteil, dass Arbeiter an dem Denkmal beschäftigt seien, die endlich notwendig gewordenen Röhren in die Felsspalten zu legen, um das aus dem Felsen sickernde Quellwasser abzuleiten, das leider dem wunderbaren Kunstwerk mit allmählicher Zerstörung drohte.

«Das ist sehr schlimm», sagte Arnold zu Werner, als sie, durch diese Nachricht in trübes Staunen versetzt, langsam unter den Kastanien am See entlang wandelten, «und es wird uns länger an Luzern fesseln, als es in unserer Absicht lag, da ich dir durchaus diesen Löwen zeigen will. Allein, was hilft's, man muss sich in das Unabänderliche fügen, und da die Röhrenlegung nur einige Tage fortnehmen wird, wie der Portier sagt, so lässt es sich hier schon ertragen. Vielleicht können wir doch schon durch den Schnee zum Rigi hinauf und dann haben wir gleich einen Tag gut angebracht. Doch jetzt lass uns einmal durch die Stadt wandern und die Reuss von der Brücke betrachten; die Aussicht soll schön sein und ich habe sie auch noch nicht gesehen.»

Werner, immer zu allem bereit, wozu der umsichtige Freund ihn zu stacheln verstand, wandte sich sogleich mit ihm um und so schritten sie nun in die Kapellgasse hinein, um ihr nächstes Ziel zu erreichen. Als sie aber auf der grossen Brücke standen, die schöne blaue Reuss bewunderten und die Namen der Schilder lasen, die auf der Wasserfront der Häuser angebracht sind, fiel Werner plötzlich Herr Irminger ein und zugleich der Brief, den er mit einem Gruss von dem Onkel überbringen sollte.

Ausschnitt aus dem Roman *Der Löwe von Luzern*, erschienen 1869. Philipp Galen, eigentlich Ernst Philipp Karl Lange, schrieb zwar wie Karl May oft über Orte, die er nie gesehen hatte, in diesem Falle allerdings hatte er Luzern zuvor bereits einmal besucht.

HEINRICH GEBHARD
* 1923

Luzerner Septett

I
*Die Brunnen ründen
in der Altstadt
die vollen Tröge.
Oft stehe ich allein
vor den Röhren.
Ich suche vergebens
Die zerbrochenen Krüge.
Bin ich so weit
allein
gegangen?*

II
*Der Tod triangelt
im Gebälk der Spreuerbrücke.
Manchmal fällt ein Stein
aus seiner Krone.
Ich hebe ihn nicht auf.
In meiner prallen Mappe
schwillt ein Tagwerk.*

III
*Die Fahrpläne
an den Busstationen
gähnen.
Aus den gebuchten
Hotelfenstern
gleiten die jodelnden Postkarten
nach Cincinnati.*

Der Löwe schläft.
Helvetiorum
fidei ac virtuti.
Sein Dompteur fuhr
den letzten Bus
zur Endstation.

IV
Im Winter kreischen die Möwen,
im Sommer die Uhrenkäufer.
Beide Sprachen verstehe ich nicht,
wenn ich über die krumme Holzbrücke eile.
Das Wörterbuch der Reime
ist ausverkauft.

V
Der Regen klatscht
zwischen den Altstadtsteinen.
Mief der Souvenirs
und Fondue-Resten
quillt auf und weg.
Eigenwillig
brüstet sich
die Stadt.

VI
Dünne Lippen glühen
vor den Juweliergeschäften.
Westentaschen
wölben sich
im Takt der regulierten
Unruh.
Der Schaufenster-Kuckuck
pfeift
aus dem Gehäuse.
Er besinnt sich,
was die Stunde geschlagen.

VII
Ich liebe die
Stadt
in den Wagenbach-Fontänen.
Die Sonne versprüht
die Festspielakkorde.
Neben Europabussen
und Travellers Cheques
plätschert das
Leuchten,
quillt über den Rand
und kühlt meinen Unmut.

Veröffentlicht 1977. Heinrich Gebhard (Butz) ist in Schaffhausen geboren, hat später unter anderem an der Kantonsschule Luzern unterrichtet und wohnt heute in Schwarzenberg.

JOHANN WOLFGANG VON GOETHE
1749–1832

Wie man Luzern bereist

Du kommst, wie ich gesagt habe, den alten Weg bis Flüelen zurück, setzest dich auf den See und fährst grad auf Luzern. Daselbst besuchst du den General Pfeiffer, der das merkwürdige Modell von der umliegenden Gegend gemacht hat, den du vom Herzog und mir grüssen und versichern kannst, dass es uns sehr leid gethan hat, seine Bekanntschaft nicht zu machen. An der bisher beschriebenen Tour, die sich in wenig Tagen zwingen lässt, kann man viele Monate kauen und nach deiner Art zu seyn würd' ich dir fast rathen, diese Gegenden mit einem sachten Genusse recht einzuschlürfen. Ich bin die beiden Male nur wie ein Vogel durch, und sehne mich immer wieder hin. Wäre nun deine Zeit verstrichen oder du hättest genug, so könntest du über Solothurn und Basel, an welchem letzten Orte dir Herr Gedeon Burkhardt gewiss gefällig seyn wird, wieder nach Deutschland eintreten. In Emmendingen besuchst du meinen Schwager, nachdem du vorher bey Freiburg die Hölle gesehen hast und versäumst nicht in Colmar Pfeffeln zu besuchen und das übrige versteht sich von selbst.

Ausschnitt aus dem Brief Johann Wolfgang von Goethes an Karl Ludwig von Knebel vom 4. Juni 1780. Erstveröffentlicht im Briefwechsel zwischen Goethe und Knebel (1774–1832) 1851. Goethe war 1779 in Luzern. Die «beiden Male» bezieht sich zusätzlich auf die Reise von 1775, bei der Goethe in der Nähe vorbeikam, nicht aber in Luzern selbst.

GEORG GRABENHORST
1899–1997

An den Lido

Sie berieten lange hin und her, wo sie nun hinausfahren und den Kaffee trinken sollten, und einigten sich schliesslich nach Dirks Vorschlag darauf, bei dem strahlenden Sommerwetter an den Lido zu fahren, den er ja doch kennenlernen «musste», dort einen Sprung ins Wasser zu tun und dann «nach getaner Arbeit» mit um so mehr moralischer Berechtigung Kaffee zu trinken und Erdbeertorte mit Schlagsahne zu essen.

Sicherlich würde heute, wo man in der Stadt unter dem Gluthauch der Sonne kaum atmen konnte, das Bad überlaufen werden. Um die Zeit zu nutzen, fuhren sie gleich nach Tisch mit dem Wagen hinunter. Sie setzten dabei den Doktor in der Klinik ab und machten dann noch einen kleinen Umweg, weil Elisabeth ihm am Dietschiberg noch den Golfplatz und bei Adligenswil und Meggen ein paar Motive zeigen wollte, die Clarissa wiederholt in ihren Bildern verwandt hatte. Mit dem grossen Wagen gab es ja keine Entfernungen. Aber weder die ungewöhnlich schöne Lage und Weiträumigkeit des Golfplatzes noch die Spur von Clarissas Bildern, die sie in Adligenswil und um Meggen herum verfolgten, vermochten ihn innerlich zu fesseln. Die Gegenwart des Mädchens an seiner Seite riss alle Empfindungen an sich, er hatte es noch nie so überwältigend gespürt wie in dieser Stunde, wie der Zauber ihn ergriff, zitternd den ganzen Körper durchströmte, dass es sich dehnte und spannte in allen Muskeln und Gelenken und summend und singend alle Poren erfüllte. Der Sprung in den kühlen See, dem sie entgegenfuhren, schickte durch die Schwüle sein Gelüst voraus, voller Ungeduld ein süsses, bebendes Gelüst, wie es nur je und je den Jüngling gefasst, und doch anders auch noch, auf eine unausdenkbare Weise anders.

Ausschnitt aus der Erzählung *Die Reise nach Luzern* von 1940.

Das Strandbad Lido um 1930

FRANZISKA GREISING
* 1943

Die Flickstelle im Zonenplan

Während die zwei, drei Autos, die verschämt über die Plätze des alten Stadtzentrums holpern, niemanden stören, nicht so jedenfalls, wie sie sollten, zeigen sich andere vermeintlich leere Flächen im Stadtplan nicht annähernd so friedvoll. Sie sind meist im Gegenteil voller Störungen, sind die Störung selbst. Sind gegenüber den Stübchen der Altstadt ungeordnete Hausflure, berstend von Leben. Werden von zwei- und dreispurigen Strassen beherrscht, die wie am Löwenplatz ein paar kleine, teils begrünte Inseln nur dulden.

Zweck der Inseln ist es, das Strassenbild zu verschönern. Über die Strassen und Inseln führen gelbe Streifen zur Erhaltung des Fussvolks, das sich aber nicht scheut, zusätzliche Übergänge zu erfinden, über die es dann rennt. Um sein Leben manchmal. Gerade am Löwenplatz ist ja schon damals, als er noch ausserhalb des Stadtgerichts lag, kein Platz, sondern grünes, nur vom staubigen Strässchen nach Ebikon durchschnittenes Weidland war, immer wieder mit Ausdauer gerannt worden. Wackere Bürger stellten sich vor dem Stadttor mit Spiessen und Stecken in Reih und Glied, worauf die Unholde und kleinen Tunichtgute, die Lügner und Zechprellerinnen diese schwitzende, rutenschwingende obrigkeitliche Allee zu durchlaufen hatten.

Nun holst du hier Käse und Brot, wirfst Briefe ein, lässt vom Automaten ein Passfoto ausspucken, gehst vielleicht noch ins Kino, und verlierst womöglich dein letztes Geld im Spielsalon. Gleich daneben werden die Strände der maledivischen Inseln angepriesen, am Kiosk finden sich die Neuigkeiten der Welt, von weitem schreien dir von gelben Plakaten die einträglichsten Skandale entgegen, etwas diskreter bieten sich der Corriere della Sera, das Wall Street Journal, die Frankfurter Allgemeine an, daneben die Schoggistengel, die Zigaretten und Gummibärchen. Im selben Haus magst du deinen Partner fürs Leben erwerben, deine Kaffeerahmdeckeli tauschen, konntest bis vor wenigen Tagen ein buddhistisches Lehrbuch leihen, und an der Ecke vervielfältigen sie dir das eigene Werk. Vis-à-vis über die Friedenstrasse kommst du bei Bedarf gegen kleines Entgelt auch zum Pinkeln. Oder du wählst in der Telefonkabine eine Verbindung nach Sri Lanka, eine nach Sarajewo, und wirst wieder um eine Hoffnung ärmer.

Ganz am Rand und ausgerechnet da, wo es niemand erwartet, wo fortwährend die Cars mit den Logiernächten ankommen, sich entleeren und füllen, im Rückwärtsgang hin und her manövrieren, wo Kultur, wenn überhaupt, eher altbacken schmeckt, führen ein paar Unerschütterliche ein kleines Büro, um hiesiger Kultur von heute einen Ort, ein Forum zu schaffen.

Zerstreut, wie aus anstrengender Lektüre gerissen, entsteigen den Klimacars währenddessen unentwegt Leute aus Tasmanien, Österreich und Spanien, Reisegäste aus irgendwo, die wenig lustvoll, von traumschweren Nächten in fremden Betten gezeichnet den sterbensmüden Löwen aufsuchen, der Eintritt ist frei. Sie könnten auch das Panoramagemälde von Edouard Castres betrachten gehen, aber um das bleiche Gesicht des Krieges im Kreis ziehen zu sehen, wird harte Währung bezahlt. Ausserdem sind für diesen Halt nur zehn Minuten anberaumt, dann manövriert der Reisewagen seine vom Schauen überanstrengte Fracht schon wieder rückwärts hinaus, der Kappellbrücke, dem Pilatus, Brienz zu. Schaulustiges Volk freilich hat sich hier draussen immer wieder eingefunden. Auch damals beim Spiessrutenlaufen standen die Leute mit der angebissenen Festwurst in der Hand dabei und liessen es sich nicht nehmen, diese armen Tröpfe auch noch anzufeuern.

1417 empfing es hier seinen Kaiser, Sigismund, der ihm nebst anderen Gunstbeweisen erlaubt hatte, fortan das Henkergeschäft eigenhändig zu betreiben. Auch fürderhin würde er sein Völklein mit bedeutenden Privilegien zu mässigen wissen, unter anderem mit dem

Recht, eigene Münzen zu prägen. Vor dem Stadttor warf es die Hüte in die Luft, jubelte und posaunte dem hohen Herrn zu, denn hatte der nicht eigens vom Konzil in Konstanz einen Abstecher in das blühende Handelsstädtlein gemacht, und stieg er nicht soeben huldvoll vom Sattel, um wehenden Umhangs und wallenden Haars, von Glockengeläut und Novemberkälte begleitet, hinter der Monstranz nach der Hofkirche zu schreiten?

Du aber schlüpfst auf dieser asphaltierten Insel mit den Zapfsäulen zwischen den Cars und ihren laufenden Motoren durch, eilst über den Streifen zur nächsten Insel, von da flitzt du durch den Verkehrsstrom hindurch noch schnell zu Denner, zu Coop. Später, wenn du endlich aufatmend im Panoramalift nach oben gleitest und unter dir den emsigen Archipel wimmeln siehst, wie dauern dich da die Leute an der Bushaltestelle, die immer von neuem darauf warten weiterzukommen, aber die Busse stauen sich draussen im Maihof (auch so ein Versprechen), und die Wartenden, die begonnen haben, sich untereinander zu beschweren, blicken herauf zu dir und beobachten dich, wie du nach oben, der Fluhmatt entgegenfliehst. Abends um neun, wenn der Spritzenbus hält, ist es stiller geworden. Mager und wie kaum erwacht, lösen frierende Gestalten sich aus dem Schatten, darunter zarte und schrecklich junge Kinder. Du kannst jetzt gebrauchte gegen saubere Spritzen tauschen und bekommst Heftpflaster dazu. Sehr zum Ärger einiger ehrbarer und leutseliger Krämer und Krämerinnen, wie sie in jeder anständigen Kleinstadt, in jedem Jahrhundert zu finden sind.

Damals, als sie Hans Jakob Petermanns, des Hirschenwirts von Root und Hauptmanns der Bauern, habhaft geworden waren und der Scharfrichter draussen vor dem Weggistor dem Kopf dieses Ärgernisses von der Schulter half, liessen sie den blutleeren Schädel bis zum Verfaulen unter dem Heilandbild aufspiessen.

Verseucht von Stickstoffen und Schwefeldioxyden, hässlich, abgefuckt und schmucklos, lockt dieser Ort nicht zurückzukommen und zu verweilen. Ausser, die spröde Glaubhaftigkeit dieses fiebrigen Knotens, dieser unparteilichen Flickstelle im Zonenplan vermag jemanden wie dich von der Verlässlichkeit und spröden Melancholie solcher Unschönheit zu überzeugen.

Der Löwenplatz heute

Aus: *Luzern in zwölf Texten und 71 Bildern. Ein Stadtbuch.* Veröffentlicht 1995. Franziska Greising lebt und arbeitet als Schriftstellerin in Luzern.

JACOB UND WILHELM GRIMM
1785–1863 / 1786–1859

Der Drache fährt aus

Das Alpenvolk in der Schweiz hat noch viele Sagen bewahrt von Drachen und Würmern, die vor alter Zeit auf dem Gebirge hausten und oftmals verheerend in die Täler herabkamen. Noch jetzt, wenn ein ungestümer Waldstrom über die Berge stürzt, Bäume und Felsen mit sich reisst, pflegt es in einem tiefsinnigen Sprichwort zu sagen: «Es ist ein Drach ausgefahren.» Folgende Geschichte ist eine der merkwürdigsten:

Ein Binder aus Luzern ging aus, Daubenholz für seine Fässer zu suchen. Er verirrte sich in eine wüste, einsame Gegend, die Nacht brach ein, und er fiel plötzlich in eine tiefe Grube, die jedoch schlammig war, wie in einen Brunnen hinab. Zu beiden Seiten auf dem Boden waren Eingänge in grosse Höhlen; als er diese genauer untersuchen wollte, stiessen ihm zu seinem grossen Schrecken zwei scheussliche Drachen auf. Der Mann betete eifrig, die Drachen umschlangen seinen Leib verschiedenemal, aber sie taten ihm kein Leid. Ein Tag verstrich und mehrere, er musste vom 6. November bis 10. April in Gesellschaft der Drachen harren. Er nährte sich gleich ihnen von einer salzigen Feuchtigkeit, die aus den Felsenwänden schwitzte. Als nun die Drachen witterten, dass die Winterszeit vorüber war, beschlossen sie auszufliegen. Der eine tat es mit grossem Rauschen, und während der andere sich gleichfalls dazu bereitete, ergriff der unglückselige Fassbinder des Drachen Schwanz, hielt fest daran und kam aus dem Brunnen mit heraus. Oben liess er los, wurde frei und begab sich wieder in die Stadt. Zum Andenken liess er die ganze Begebenheit auf einen Priesterschmuck sticken, der noch jetzt in des heiligen Leodagars Kirche zu Luzern zu sehen ist. Nach den Kirchenbüchern hat sich die Geschichte im Jahre 1420 zugetragen.

Priesterornat mit Drachenmotiv («Drachengewand») aus der Hofkirche

Aus: *Deutsche Sagen*, 1816–1818. Die Sagensammlung der Gebrüder Grimm hatte nie den breiten Erfolg wie die Märchensammlung, obwohl eine genaue Abgrenzung zwischen Märchen und Sagen schwierig ist und auch von ihnen nicht konsequent durchgeführt wurde.

SINAÏDA GUSSEWA
1902–1974

An den Ufern der Reuss

An den Ufern der Reuss, die hier zu einem tiefen und wasserreichen Fluss wird, liegt die schönste Stadt der Schweiz, Luzern. Zwei hohe Berge, einer rechts und einer links, schützen den Frieden dieser Stadt.

Ob man nun zum See geht oder in die Altstadt zu den Wachtürmen hinaufsteigt, überall kann man den abgerundeten Gipfel des Rigi im Wolkendunst und den gezackten und schneebedeckten Rücken des Pilatus erkennen. «Gestern habe ich den Pilatus – 2122 Meter – bestiegen», teilte Wladimir Iljitsch seiner Mutter auf einer Ansichtskarte mit, auf der Luzern, der See und der Pilatus zu sehen waren. Lenin fuhr im September 1911 für kurze Zeit nach Luzern. Er sollte dort nur ein Referat halten, aber seine Liebe zu den Bergen liess es einfach nicht zu, an einem neuen Gipfel vorüberzugehen, ohne ihn bestiegen zu haben.

Auszug aus: *Schweizer Skizzen*, publiziert 1960. Die Texte darin basieren auf einer Schweizerreise der russischen Autorin.

GERHARD ANTON VON HALEM
1752–1819

Amphitheatralisch am See

Lucern, den 15. Aug.

Wir wandeln, seit wir Einsiedeln verlassen, auf classischem Boden. In dem engen Pass bey Morgarten sahn wir im Geiste von dem Berge *Sattel* tödtende Felsstücke herabrollen auf das erste Heer der Feinde der Freyheit. Wir gingen zu Stein mit Ehrfurcht vor des Helden *Stauffachers* Capelle und vor den Ruinen seines Hauses vorüber. Ganz andere Empfindungen ergriffen uns hier, als bey Ansicht der vielen an Deutschlands Bergen hängenden Trümmer, ehemaliger Raubschlösser der Edelleute, welche die edleren, langverehrten Geschlechter der Stauffacher höhnend Bauernadel nannten. In dem freundlichen Dorfe Schwyz drückten wir die Hand der biedern Männer, aus deren uraltem Stamm das Völklein der Freyen entsprang. Ihr Geist wehet noch über dem weiten Gebirge. Durch eine Ebne, deren lachende Wiesen der Anblick obstschwerer Fruchtbäume verschönert, kamen wir nun nach *Brunnen,* und schlossen hier – eine Folge des Morgarter Sieges – mit den freyen Männern von Uri, Schwyz und Unterwalden den alten ewigen Bund, nach welchem alle Eidgenossen, obwohl durch Seen und Berge getrennt, eine einige Nation, und (nach Müllers Ausdruck) «wie das Lager eines für die Freyheit rüstigen Heers» wurden. Auf dem Wege von Schwyz bis Brunnen öffnet sich das Thal Muotta, die Wohnung Schweizerischer Einfalt, wo (wir sahn es nicht) in offnen, unbewahrten Buden mancherley Waaren zu bestimmten Preisen für den Wandrer ausgebreitet sind. Der Schweizer Eigner hat das Vertrauen, dass wer die Waaren nimmt, den Preis zurück lässt; und jeden Abend sammelt er richtig die Ausbeute des Tages. In Brunnen empfing uns der Vier Waldstädter See, diese Wiege der jungen Freyheit. Denn an seinen romantischen Ufern hoben die drey Männer *Fürst, Melchthal* und *Stauffacher* in Rütli, einer Wiese in einsamer Gegend, ihre Hände gen Himmel und schworen (dreyssig Mitverbundne mit ihnen) schworen in dem Namen des Gottes, der Kaiser und

Bauern mit gleich unveräusserlichen Rechten der Menschheit hervorbrachte, mannhaft mit einander zu behaupten das Kleinod der Freyheit. An diesem Ufer war's, da der Jüngling *Tell* seinem Henker entsprang; an diesem Ufer, da des Entsprungenen rächender Pfeil *Gesslern* ereilte. Bald ertönte von Alpe zu Alpe der Freyheitsruf und die Dränger des Volks flohen auf ewig.

> «Da, wo Natur, obgleich in engem Raum,
> Ein edles Volk, durch Freyheitsgeist genährt,
> Der Knechtschaft sich mit Kraft entreissen sieht,
> Und jauchzend rufet: Dies sind Menschen, dies!
> Da trägt, sie sey'n in Uri, oder Rom,w
> Die Weltgeschichte ihre Thaten ein.»

Die Fülle dieser Ideen, verbunden mit der wirklich schauerlichen Grösse und Erhabenheit der wechselnden Naturscenen, welche der Vier Waldstädter See gewährt, machte tiefen, feyerlichen Eindruck auf meine Seele, und ich weiss, dass mit der künftigen Erinnerung an die Schweiz jedesmal das Andenken an diese Schiffahrt lebhaft in mir aufsteigen wird. Die unregelmässige Form des Sees und die Mannigfaltigkeit der Ufer erhält den Schiffenden in steter Aufmerksamkeit. Anfangs viel Wildheit, schroffe, unbebaute Felsenwände, fern schneebedeckte Gebirge. Links verbreitet sich die Aussicht weit in den bis Altorf sich ausdehnenden Meerbusen. An der Spitze des Vorgebirges hebt sich schroff aus dem Wasser ein Fels, der lebhaft an die grauen Felsen, die sich dem Rheinfall entgegen thürmen, erinnerte. Am Ufer ging ein Waldbruder in Franciscaner Kleidung, ein Gebetbuch unterm Arm. Er rief uns seine Bitte zu, dass wir ihn mitnehmen möchten bis zu seiner Clause. Gern nahmen wir ihn auf, und hörten, dass er schon dreyssig Jahre lang diese Wildniss bewohne, und heut am Tage Mariä Himmelfahrt in der nächsten Dorfkirche seine Andacht verrichtet habe. Wir kamen bald

«dort, wo in milder Helle,
von Immergrün umwebt,
die Eremitenzelle
an grauer Klippe schwebt.»

Freundlich lud er uns ein, seine Wohnung zu besehen. Wir folgten und freuten uns der Reinlichkeit, die in dem Häuschen herrschte. Sein Bette war Holz ohne Bettzeug, ein Klotz sein Kissen. Indem ich ihn bedauerte, entdeckte mein Reisegefährte aber in einem Nebenkämmerchen eine gute Bettstelle. Wir gonnten sie ihm von Herzen und waren discret genug, die heilige Täuschung ungerügt zu lassen. Ich war so unglücklich, seine Brille zu zerbrechen. Sie fiel aus einem Gebetbuche, welches ich einsehen wollte. Aber ein Geschenk, was ich ihm gab, versöhnte ihn bald, und wir schieden als gute Freunde. Nun schifften wir weiter unter rings wiederhallendem Gekrach eines Felsen, den man zu Steinbrüchen sprengte. Jetzt sahn wir die kleine Republik Gerisau am Fuss des Rigi, und jetzt fuhren wir, so schien's, grade an's gegenseitige Felsgestade. Aber allmälig öffnete sich's. Wir gingen durch eine schauerliche Enge, und bald lächelte uns auf beyden Seiten wohl gebauetes Land. Wir jauchzten mit Hallern:

«Da, wo die Freyheit herrscht,
wird alle Mühe minder,
Der Felsen selbst beblümt,
und Boreas gelinder.»

Im Hintergrunde erhob sich der gewaltige Pilatus, und nun erreichten wir das Inselchen Altstadt, auf deren Felsen *Raynal* einen Obelisk von Sandstein

*dem ewigen Andenken
der ersten Stifter
des eidgenossenschen Bundes
gewidmet,*

und nicht zu bemerken vergessen hat, «dass es auf seine Kosten geschehen sey.» Am Piedestal ist das Wapen von Lucern, darüber der Freyheitshut auf der Pike von zwey gefalteten Händen gehalten. Die Spitze des Obelisks deckt eine goldne Kugel, darüber die Spitze einer Pike. Das kleinliche Monument erhöhte nicht meine Empfindungen. Es verliert sich unter den Himmelanstarrenden Felsmassen, die es umringen. Laut predigen diese die Thaten der Vorzeit. Bedurfte es wohl eines Denkmaals für Männer, deren Andenken hier von Aller Lippen schallet, in Aller Herzen gegraben ist?

Bald zeigte sich die Stadt Lucern amphitheatralisch am See gestreckt. Es war Sonntag und das Wetter vortrefflich. Der See wimmelte von Fahrzeugen voll froher Menschen, die Spatzierfahrten machten. Der Weiber Strohhütchen, alle mit bunten Bändern und Blumen geziert, gewährten einen erfreulichen Anblick. Lucern selbst hat breite, grade Strassen und ist hübsch gebauet, besser wie Zürich und Schafhausen. Die Promenade, die wir des Abends besuchten, war ziemlich frequent. Schon glänzte hier mancher Ludwigsorden; schon fanden wir hier die Einflüsse der nahern Französischen Luft; eine sichtbar ungezwungnere Gemeinschaft der beyden Geschlechter als in Zürich.

Die hiesige, grosse, bedeckte Brücke voll bereimter Malereyen von alten Schweizer-Thaten erinnert an das Athenische poecile, jenen Porticus, in dem von noch ungeübten Händen Miltiades und Marathons Treffen gepinselt werden durfte. Nicht geübter waren die Stimmen der Sänger, die uns im Abendconcerte ein neues Freyheitslied vorjubelten. Doch wer reiset nach der Schweiz, um Gemälde-Gallerien zu sehn, um Concerte zu hören? Hier malt die ganze Natur, und nie bleichen ihre Farben. Musik rauschen die Wasserfälle und nie verhallen diese Töne.

Das Seeufer, noch mit der später abgerissenen Brücke zur Hofkirche

Der Text ist der *Vierzehnte Brief* aus dem Werk *Blicke auf einen Theil Deutschlands, der Schweiz und Frankreichs. Reisebeschreibungen in Briefen.* Erstveröffentlichung 1791. Die Reise selbst fand 1790 statt. Gerhard Anton von Halem war ein deutscher Schriftsteller, Jurist und Oldenburger Verwaltungsbeamter. Die von ihm verfassten *Blicke* überragen qualitativ viele der Reisebeschreibungen ihrer Zeit. Auffällig ist besonders das enzyklopädische Wissen, das Halem bei der Komposition heranziehen kann.

ADOLF HALLER
1897–1970

Schiff in Not

Über den Fisch- und den Kornmarkt fuhr den beiden der Wind in die Haare; er klapperte unternehmungsfreudig mit jedem losen Laden, wirbelte da und dort eine zu wenig beschwerte Schindel in die Luft. Aufgeregte Männer stürzten die Furrengasse hinauf.

«Schiff in Not!», schrillte von irgendwoher ein Hilfeschrei, und jetzt begann auf dem Kapellturme die Wetterglocke zu gellen.

«Hörst du?» Damit war die eigene Angst übertönt. Mit gefassten Händen, das Mädchen immer um zwei Schritte zurück, trabten die Kinder, was ihr Atem herausgab.

Als sie bei der Sankt-Peters-Kapelle den Vierländersee erreichten, standen und liefen da schreiend und händeverwerfend Männer und Frauen umher. Und dort, weit draussen im gischtenden Seebecken, trieb das gefährdete Schiff. Ein kleiner Nauen musste es sein. Manchmal, wenn ein Wellenberg sich davor erhob, schien es in der Wasserwüste verschwunden zu sein.

Zwei, nein drei Gestalten waren zu erkennen. Zuweilen hoben sie hilfeheischend die Hände; ihre Stimmen waren im Tosen des Wassers, des Windes und des Donners nicht mehr zu vernehmen.

«Sie kommen nicht weiter», rief eine Stimme; «seit ich sie sehe, sind sie auf dem selben Fleck.»

«Das Segel ist heruntergerissen», erkannte ein zweiter.

«Wer wollte segeln bei diesem Orkan!», belehrte ein dritter.

«Der Sturm treibt sie gegen das Meggenhorn und wieder zurück gegen Tribschen», erklärte ein vierter.

«Es ist, wie wenn sie ihrer Ruder nicht mehr mächtig wären», mutmasste ein fünfter.

Nicht minder hitzig verweisste und überschrie man sich über die Art der Hilfeleistung. Jeder wollte den bessern Rat wissen, und indessen verfloss die kostbarste Zeit.

Bis in den Wirrwarr ein Ruf erscholl: «Der Schultheiss!»

Eine Gasse öffnete sich in den verwirrten Menschenknäuel, und schon stand er da, eine hohe, gebietende Gestalt mit buschigen Brauen und einem ergrauenden Bart, den Blick unbeweglich auf das kleine Fahrzeug in der Wasserwüste gerichtet.

«Der Nauen ist nicht mehr seetüchtig», verkündete er mit einer Stimme, die keinen Widerspruch gewohnt war; «wir müssen die Bemannung retten.»

Ein stämmiger Mann mit langer, scharfer Adlernase und rötlichen Haaren stellte sich breitbeinig vor das Stadtoberhaupt und meldete nicht weniger selbstbewusst: «Ich übernehme das Kommando.»

«Siehst du», stupfte Kläusi seine Gespielin mit unverhohlenem Stolze, «mein Vater ist doch der Mutigste von allen!»

«Meinem Vater muss er dennoch gehorchen», vermerkte Ursul kühl und liess keinen Blick von diesem ab.

Der Schultheiss nickte bedächtig: «Schön, Ratsherr von Matt! Nehmt drei Mann mit unserem stärksten Boot! Ihr fürchtet euch nicht vor der Gefahr; aber fordert sie auch nicht heraus! Rettet die Menschen und überlasst das Wrack seinem Schicksal!»

Niklaus von Matt mass den Schultheissen mit unerschrockenem Auge. Ohne ein Wort zu antworten, wandte er sich zur Seite, zog da einen kräftigen Mann am Arme, legte dort einem zweiten die schwere Hand auf die Schulter, und nach wenigen Augenblicken schon wuchteten die regelmässigen Ruderschläge durch den aufgewühlten See. Von Matt führte das Steuer und kommandierte kurz und scharf.

Ursul und Kläusi hielten sich abseits, wo der Schultheiss sie nicht sah; die Kleine fürchtete, er hätte sie barsch nach Hause jagen oder gar einem Büttel übergeben können. Jetzt musste sie doch sehn, was weiter geschah.

Es war dunkel geworden, als ob die Nacht schon hätte hereinbrechen wollen. Vom Brünig her schob sich eine ungeheure finstere

Wand mit unheimlicher Geschwindigkeit zwischen dem Stanserhorn und dem Frakmunt hindurch. War dort oben der gefürchtete Landpfleger Pilatus aus dem Bergseelein gestiegen?

Selbst wenn die Blitzketten sich aus der drohenden Sturzmasse lösten, konnte man die Berge zu ihren Seiten nicht mehr erkennen. Nur das ununterbrochene Krachen des Donners warf eine Wand auf die andere zurück.

Gleichzeitig schob ein zweites Wetter sich lohend und grollend von Süden her. Schon hatten seine aufgetürmten Wolkenwände den Rigi überflutet. Zwischen den beiden Gewittern stand noch als riesiger schwarzer Markstein der Bürgenstock mit der senkrecht aus dem See aufspringenden Hammetschwand. Bald würden die gefrässigen Ungetüme auch sie verschlingen.

Ausschnitt aus: *Heini von Uri. Erzählung für die Jugend aus der Zeit des Sempacherkrieges*. Erstveröffentlichung 1942. Haller wohnte und starb in Luzern.

EVELINE HASLER
* 1933

Hexenkind im Turm

Nach der Abfuhr im Rathaus ging Sidler allein durch die Gassen, es schneite, die Kühle tat seinem vom Zorn erhitzten Kopf gut. Magdalena war nach Luzern mitgefahren, sie wolle, hatte sie gesagt, während Sidler im Rathaus sei, Katharina Schmidlin im Turm besuchen. Die lassen dich nicht ein, werden dich vielleicht selber einsperren, du Kräuterhexe, hatte Sidler gewarnt. Wenn Hackenburger nicht im Turm sei, würden sie sich bei ihm in der Nuntiatur treffen.

Sidler, der als erster in der Nuntiatur eintraf, fand Hackenburger beim Ordnen alter Aktenbestände. Der Pfarrer von Romoos berichtete von Krebsinger, zitierte den Satz von den hieb- und stichfesten Welschen, der werde noch seine Folgen haben. Magdalena? Die habe Katharina im Turm aufsuchen wollen. Wie es dem Kind gehe?

Hackenburgers Gesicht nahm einen gequälten Ausdruck an. Er äusserte Abscheu über den Verlauf der Verhöre. Diese Woche noch komme der Scharfrichter, um das Kind nach Hexenzeichen abzusuchen. Verheerend, wie nach einem trügerischen Moment der Ruhe die Prozesse wieder aufflammten, immer häufiger klage man auch Kinder an. Im Bistum Konstanz berufe man sich auf stockfleckige Diözesan-Statuten aus dem Jahr 1609: In diesem Dokument *Über Aberglauben und Zauberei* rufe der Bischof dazu auf, die der Magie Ergebenen vor den Richter zu führen und streng zu bestrafen. Vor ein paar Tagen sei ihm beim Aufräumen ein päpstliches Breve vom November 1635 unter die Augen gekommen, darin bestätige der Papst zwar die Dämonenlehre, warne aber vor Missbräuchen und Ungerechtigkeit in der Führung der Hexenprozesse: Der Mangel an Tränen sei kein schlüssiges Indiz. Es seien auch keine verfänglichen Fragen, sogenannte Suggestiones, zu stellen und so fort.

Handgeschriebene, lateinisch abgefasste Instruktionen, die wohl nie bis zu den Richtern vorgedrungen sind, zur besseren

Verbreitung müsste der Text ins Deutsche übersetzt und gedruckt werden. Aber unserer Katharina Schmidlin wird er wohl nichts mehr nützen, schloss er.

Die Hausglocke ertönte, Magdalena erschien mit vom Frost geröteten Wangen, das dunkle Haar feucht vom Schnee. Enttäuschung stand auf ihrem Gesicht: Eine Wächterin habe sie daran gehindert, die Turmtreppe hinaufzusteigen. Hackenburger versprach, Magdalena und Sidler zeitig am nächsten Morgen in den Turm mitzunehmen, Möhren sei dann im Rathaus und die Wächterin auf dem Gemüsemarkt.

Das Gemäuer des Rathausturms

Ausschnitt aus dem Roman *Die Vogelmacherin. Die Geschichte von Hexenkindern*, veröffentlicht 1997. Eveline Hasler studierte Psychologie und Geschichte und verwendet bei ihrem Roman historische Quellen: Die Luzerner Geschichte trug sich demnach 1652 zu und die hingerichtete Katharina Schmidlin war zum Zeitpunkt elfjährig. Der erwähnte Turm ist der «Hexenturm», der 1738 einem Unwetter zum Opfer fiel. Hasler lebt im Tessin.

ELISABETH HELBLING-KOTTMANN
Lebensdaten unbekannt

Aus meiner alten Stadt

Der Pilatus runzelte die Stirn. Er erblickte im Westen seinen grimmigen Feind. Schnell zog er den Degen, verbarrikadierte sich hinter dunkle Kulissen und horchte ängstlich nach dem Gegner, der mit dumpfen Hornstössen gegen die dunkel werdende Stadt zog. Die Menschen verriegelten die Türen und die Fenster ihrer Häuser. Die aufgescheuchte Vogelwelt flog tief und tiefer um die Kirchtürme. Schon stand der Feind aus dem Frankenlande vor der Stadt. Er heulte, brüllte und begehrte Einlass. Er raste gegen den trutzigen Steinwall der Museggtürme. Der Luoginsland eilte von der Wächterstube in den Turm gegen die Stadtseite und rief dem Pilatus zu: «Du wirst doch die Stadt nicht ausliefern! Hörst du nicht, wie die Feindesmächte toben? Erhebe dein Haupt, Statthalter Luzerns. Wirf den Feind zurück, noch hast du Zeit.» Dieser aber vermummte sich mehr und mehr in seine grauen Hüllen. Er fürchtete den tobenden Feind. Da schrie der Luoginsland seinen Brüdern zu: «Auf zu Kampf und Wehr!» Der Nölliturm und der Männliturm horchten auf. Der Heu-, der Zyt- und der Schirmerturm bliesen in die Wetterhörner und meldeten die Gefahr dem Pulver-, dem Allenwinden- und dem Dächliturm. Schon rannte der Sturm wütend gegen ihre Mauern. Sie kämpften mit ihm und schlugen ihn zurück. Da schwang er sich hoch über ihnen hin in die Stadt. Der bläulich aufzuckende Blitz und der brüllende Donner jagten ihm nach. Die dunklen Wolkenmassen, die schon längst am Himmel auf Pikett stunden, ergossen sich in Strömen auf die Erde nieder. Der Regen klatschte gegen die Häuser und zwängte sich in gelben Bächen durch die Gassen. Der Blitz fuhr im Zickzack über Haus- und Kirchendächer und stürzte sich in die Reuss. Diese tobte und wälzte sich in ihrem Bett. Aufschreiend riss sie an sich, was sie ergreifen konnte und warf sich gegen die Schwybbogen und rief anklagend: «Der Pilatus hat die Stadt ausgeliefert. Seht, wie er seine Hände wäscht im Feindeswasser!»

Indessen zog der Feind aus dem Frankenlande als Sieger durch die Stadt. Er jagte mit seinem wilden Tross über Brücken und See und peitschte schäumende Gischt an die Ufer. Er riss die Fahne vom Rathaus herunter und trug sie im Triumph vor sich her. Die Menschen hielt er in ihren eigenen Häusern gefangen, holte die Hüte von den Kaminen und warf sie ihnen vor die Tore. Stockfinstere Nacht lag über der Stadt. In den Häusern wurden die Wetterkerzen angezündet und ihr matter Schimmer drang durch die Ritzen der Fensterläden. Hohnlachend wandte sich der Sturm gegen die Kapellkirche, um dort die Laterne auszublasen. Aber, o Schreck! Aus dem Glockenturm kamen die Glockenjungfern, eine nach der andern, ein langer Zug. Und vom Dome, von allen Kirchen her kamen sie und wanderten im Zuge mit, dem Sturm entgegen. Der aber wandte sich flüchtend in die Berge hinein. An den Gletscherwänden und Moränen tobte er sich aus. Er wälzte sich über das steinige Gebiet, bis ihn gähnende Tiefe in den Abgrund zog, wo höllisches Gelächter ihn empfing.

Die Stadt aber atmete auf. Hundert und hundert kleine Regenbäche suchten fliehend den Weg in die Reuss. Sie hüpften über die Eggstiegen, wanden sich geschickt an den eilenden Fussgängern vorbei und spritzten ihnen noch schnell ein kotiges Angedenken an die Knöchel. Dann warfen sie sich kopfüber in den Fluss. Die Reuss kam hoch und drängte eilends vorwärts. Der Pilatus strahlte schon wieder mit seinem lichtergekrönten Haupt. «Feigling!», riefen ihm die Wächter von der Musegg zu, und die Reuss funkelte ihn zornig an und warf sich schäumend unter der Reussbrücke über das Sprungbrett hinaus. An den Pfählen der Spreuerbrücke aber hielt sie sich nochmals fest, bäumte sich hoch auf und rief dem Pilatus zu: «Erbärmlicher, schämst du dich nicht deines Lichterglanzes?» Dann wandte sie ihm verächtlich den Rücken und verliess die Stadt.

Spreuerbrücke mit Museggtürmen

Ausschnitt aus: *Das Asyl der Obdachlosen* aus dem Buch *Aus meiner alten Stadt. Geschichten und Märchen.* Erstveröffentlichung 1934. Helbling-Kottmann schrieb das Buch, um das «Läuterhäuschen» im Hof und das Sakristanenhaus, die beide abgerissen werden sollten, zu retten; sie hatte Erfolg.

GEORG HERWEGH
1817–1875

Ballade vom verlornen König

Der Reitknecht fuhr mit seinem Herrn
Nach Zürch hinunter bis Luzern,
Wol in das Land des Tellen,
Gesegnet mit Hotellen.
Der Herr sprach: «Tel est mon plaisir,
Und Richard Wagner find' ich hier.»

«Sei mir gegrüsst, Du Tonjuwel,
Mir lieber, als ein Kronjuwel,
Ich bleib' in Deiner Villa.
Ist heut nicht dies illa,
Der einst das Leben Dir verlieh
Zum Schrecken aller Musici?»

Auszug aus einem Scherzgedicht vom Mai 1866. Veröffentlicht erstmals posthum in: *Neue Gedichte von Georg Herwegh* im Jahr 1877. Mit dem Herrn im ersten Vers ist der Bayernkönig Ludwig II. gemeint, der ein grosser Verehrer und Gönner von Richard Wagner war. Der König besuchte diesen am 22. Mai 1866, an Wagners 53. Geburtstag, in Tribschen, wo er sich überlegte, als König abzudanken und bei Wagner zu bleiben; der Komponist konnte ihm diese Idee ausreden. Nach zwei Tagen kehrte Ludwig zurück, die Öffentlichkeit war empört, weil der König München heimlich verlassen hatte und angesichts des preussisch-österreichischen Konflikts nichts Besseres zu tun gehabt hatte, als seinen Musikgünstling und Schuldenmacher aufzusuchen. Herwegh hat darauf basierend dieses Gedicht verfasst. Herwegh selbst kam 1839 als eine Art politischer Flüchtling in die Schweiz. 1848 flüchtete er erneut in die Schweiz, die ein «Hort der Freiheit» für ihn wurde. Gegen Lebensende hat er das Bürgerrecht von Baselland erworben und liegt heute in Liestal begraben, obwohl er in Baden-Baden starb (Grabinschrift: *Hier ruht, wie er's gewollt, in seiner Heimat freien Erde / Georg Herwegh 31. Mai 1817 – 7. April 1875 / Von den Mächtigen verfolgt, / Von den Knechten gehasst, / Von den meisten verkannt, / Von den Seinen geliebt*).

HERMANN HESSE
1877–1962

Lieben und geniessen

Man muss nicht alles sehen und kennen wollen. Wer zwei Berge und Täler der Schweizer Alpen gründlich durchstreift hat, kennt die Schweiz besser als wer mit einer Rundkarte in derselben Zeit das ganze Land bereiste. Ich war wohl fünfmal in Luzern und Vitznau und hatte den Vierwaldstätter See noch immer nicht innig begriffen und erfasst, bis ich nicht sieben Tage einsam im Ruderboot auf ihm zubrachte, jede Bucht befuhr und jede Perspektive ausprobte. Seither gehört er mir, seither kann ich in jeder beliebigen Stunde, ohne Bilder und Karten jeden seiner kleinsten Teile mir untrüglich vorstellen und von neuem lieben und geniessen: Form und Vegetation der Ufer, Gestalt und Höhe der Berge, jedes einzelne Dorf mit Kirchturm und Schifflände, die Farben und Spiegelungen des Wassers zu jeder Tagesstunde. Auf Grund dieser sinnlich deutlichen Vorstellung erst ward es mir dann möglich, auch die dortigen Menschen zu verstehen, Gehaben und Mundarten der Uferdörfer, typische Gesichter und Familiennamen, Charakter und Geschichte der einzelnen Städtchen und Kantone zu unterscheiden und zu verstehen.

Auszug aus der Betrachtung *Über das Reisen*, 1904 geschrieben. Hermann Hesse kam auch später immer wieder nach Luzern, vor allem, weil sein Psychoanalytiker, Josef Bernhard Lang, hier wohnte.

HÖSLI
1965–2007

Reussbühl

*Ich leb' in einem Örtchen, das
sich aufgeben hat*

Geschichte nicht kennt – nicht will

*Mit fünftausend mehr wär's
vielleicht 'ne Stadt*

My God – I live in Reussbühl-Hill

*Die Polizei, das hört' ich sagen
die hat einen Schlüssel für
meine Wohnung in Reussbühl*

*Sie lieben keine Blumen und
hegen keine Gärten*

*Lieben's dunkel und löschen das
Licht dazu*

*Haben Krach mit vollbehaarten
Hausabwarten*

*Um acht ist Nacht und dann ist
Ruh*

*Die Asylanten, das hört' ich
sagen, die binden den Abfall-
sack nicht zu – in Reussbühl*

*Dort wo der Bus vielleicht
einfach gar nicht hält*

Sitte und Moral zerfällt

Das billigste Bier weit + breit

Für viel mehr bleibt keine Zeit

*Buskontrolleure, das hört' ich
sagen, die kontrollieren am
allerliebsten in Reussbühl*

*und Reussbühler hört' ich
schon sagen, nirgends auf der
Welt ist es wie in Reussbühl*

Song von Thomas Hösli, genannt Hösli, erstmals veröffentlicht auf der CD *Reussbühl* 1992. Reussbühl ist seit 2010 ein Stadtteil von Luzern. Thomas Hösli lebte und starb in Luzern.

RICARDA HUCH
1864–1947

Luzern

Wenn eine zauberkräftige Hand die Baumassen der letzten hundert Jahre von den Ufern des Sees wegstreichen und die damals abgerissene Hofbrücke, die sich vor der Stiftskirche im Hof hinzog, wieder auftauchen lassen könnte, so würden noch mehr, als es jetzt der Fall ist, die langen, im Zickzack gleitenden Brücken das Stadtbild charakterisieren. Brücken, die den Menschen über Gewässer und Abgründe tragen, stimmen die Phantasie zu sehnsüchtigen Flügen, lassen an Pilger denken und Wanderschaft, an Abenteuer und Gefahr. Die Brücken tragen dazu bei, der reizenden Stadt, die sich wie eine Girlande um die Ufer des Sees und des Stromes schlingt, das Flüchtige, Schwingende zu geben, als sei sie weniger eine Burg zu dauernder, geschützter Niederlassung als eine Herberge, wo man voll froher Erwartung rastet, bevor man die winkende Bahn betritt. Keiner geistigen oder materiellen Macht ist es je gelungen, sie der Bestimmung der Natur zu entfremden, die sie an die Schwelle einer weit geöffneten Pforte legte.

Wohl war Luzern der Vorort der katholischen Orte und später Sitz der päpstlichen Nuntiatur, doch hat die Macht der Kirche der Stadt kein sinnfälliges Gepräge aufgedrückt. Die Stiftskirche, die sie zuerst förderte, eine Gründung aus merowingischer Zeit, erhebt sich auf einer Höhe, wo der Sage nach eine dem Patron der Schiffer, dem heiligen Nikolaus, geweihte Kapelle stand. Über diesem unscheinbaren Heiligtum, so heisst es, zeigte sich oft des Nachts ein überirdischer Schimmer, von dem das benachbarte Fischerstädtchen den Namen Luzern, die Leuch-tende, bekam. Im Dunkel liegen die Anfänge von Stift und Stadt, soviel aber ist gewiss, dass die Benediktinerabtei im Hof in Abhängigkeit von dem Kloster Murbach im Elsass geriet, und dass ein in Schulden geratener Abt dieses Klosters alle seine Rechte an dem Luzerner Stift dem römischen König Rudolf von Habsburg verkaufte.

Von der neuen Herrschaft erwarb sie die Stadt Luzern. So kam es, dass die Kirche im Hof, stolz auf ihr Alter, die reichen Schenkungen, die ihr einst zuteil geworden waren, und die Gunst des Heiligen Vaters, doch niemals eine herrschende Stellung in Luzern gewinnen konnte. Nichts blieb von der einstigen Unterordnung der Stadt als eine vierpfündige Wachskerze, die die Regierung zum Fest des heiligen Leodegar darzubringen sich verpflichtete. Als wolle die Natur diese Entwickelung bestätigen, vertilgte ein Brand am Ostersonntag des Jahres 1633 die Kirche bis auf das Mauerwerk der Türme. An der Stelle des aus acht Jahrhunderten zusammengewachsenen, mit ehrwürdigen Kunstwerken erfüllten Gebäudes erstand ein einheitlicher Bau, dessen Stattlichkeit die etwas zu zierlich geratenen Türme Eintrag tun. Die Mauer, die den Hof einst umschloss und von der Stadt trennte, ist gefallen; noch immer aber bildet die Kirche mit ihrer Umgebung einen eigenartigen Bezirk. Die Freitreppe, die hinaufführt, an der vor Jahrhunderten der Abt von Murbach unter freiem Himmel Recht sprach, hebt den Andächtigen gemächlich aus dem weltlichen Gewühl; ein Marienbrunnen unter Bäumen und zwei vornehme Chorherrenhöfe kündigen ein idyllisch frommes Dasein an. Als ein anmutiger Saum umgrenzen das Gotteshaus die Friedhofsarkaden, die der Erbauer der neuen Kirche, der bayrische Jesuit Khurrer, in italienischer Kunst erfahren, anlegte. Bis dahin waren die Chorherren und die Patrizier in der Kirche oder im Kreuzgang bestattet worden, nun fanden sie ihre Ruhe unter den Bogen, in die der Himmel und das Gebirge hineinleuchten. Ein Hauch aus dem Süden umspielt diese Grüfte. Auch die Toten scheinen unter den zierlichen Gewölben nur wie in einer Herberge zu rasten, die sie an einem rosigen Morgen erquickt verlassen werden. Auf den grossen Grabplatten, die den Boden bedecken, liegen Kränze und Blumensträusse, an der Mauer begleiten uns die Namen der Geschlechter, die im 18. Jahrhundert und bis zur Mitte des 19. blühten, und ihre barock verschlungenen Wappen. Im Norden der Stiftskirche führt ein schmaler Weg

Blick auf die Gräber bei der Hofkirche

zum Kapuzinerkloster Wesemlin hinauf, das Kaspar Pfyffer, der Sohn des reichen Stammvaters Jost, stiftete an einer Stelle, die kurz vorher durch eine Erscheinung der Mutter Gottes geheiligt war. In der kleinen Kirche sieht man über der Eingangspforte das Bild des Stifters mit der unabsehbaren Reihe seiner Kinder. Es herrscht hier klösterlicher Friede. Unter dem traulichen Vorbau sind Bänke, wo arme Leute auf die Suppe warten, die die Brüder ihnen aus der Klosterküche zutragen. Etwas höher hinauf steht ein Bauernhaus wie eine Burg der Vorzeit mit einer geräumigen Scheune, die eigens erstellt scheint, um die Vorräte aufzunehmen, die die Wiese mit den Obstbäumen dem Klostergarten gegenüber unter dem Segen der heiligen Stätte erzeugt. Von hier sieht man hinüber in ein sanft ausgebreitetes, fruchtbares Land, das nichts weiss von den leidenschaftlichen Szenen, die Natur und Geschichte am

See aufführen. In der grossen Stadt am rechten Ufer der Reuss befindet sich unweit der Stiftskirche noch die Peterskapelle, die der Überlieferung nach die Stadt errichtete, als sie wegen ihrer Anhänglichkeit an Kaiser Friedrich II. im Bann war und ein Gotteshaus haben wollte, wo trotz Interdikt dem Volke die Heilsgüter gespendet wurden. Es ist ein schlichter, durch nichts besonders ausgezeichneter Bau. Gegenüber in der minderen Stadt liegt am Ufer der Reuss die ansehnliche Jesuitenkirche und dahinter verborgen die Klosterkirche der Franziskaner mit dem alten gotischen Chor und den malerisch angebauten Kapellen. Sie ist die einzige von den Luzerner Kirchen, die das Geheimnis mittelalterlicher Gläubigkeit umwittert. Das Schiff schmückten einst die Fahnen, die die kriegerischen Ratsherren und ihre Scharen in mörderischen Schlachten erbeutet hatten. Wenn unter der Glut der Kerzen die mürbe Seide schauderte und das Goldgespinst flimmerte, schlugen die Herzen der Gemeinde hoch; es war die Zeit, wo der Kampf fürs Vaterland Gottesdienst war, und wo die Kirche neben den Gebeinen der Heiligen die Trophäen des Krieges hütete. Als sie zu zerfallen drohten, entfernte man sie, und jetzt erinnern schattenhafte, an die Mauer über den Pfeilern gemalte Abbilder an die Ruhmeszeichen.

Auszug aus dem Essay *Luzern*, erstmals erschienen in der Zweimonatsschrift «Corona» von 1932. Die Schriftstellerin Ricarda Huch liebte Luzern und besuchte die Stadt kurz vor ihrem Tode ein letztes Mal.

VICTOR HUGO
1802–1885

Morgenstimmung

Es ist sechs Uhr morgens. Die ganze Nacht hindurch hat es in Strömen geregnet. Die Sonne steigt inmitten einer diffusen Nebelmasse hinter der Rigi auf. Alle benachbarten Berge sind mit Schnee bedeckt. Der Pilatus ist wunderbar anzusehen, mit einem Strahl der aufgehenden Sonne auf seiner weissen Stirn. Die vierrudrigen Boote, die gerade beginnen, drüben auf dem See herumzufahren, ähneln grossen Wasserspinnen. Ich höre die Mädchen Luzerns, die zum Markt gehen, über die hölzerne Kapellbrücke schreiten. Die Schifferinnen lachen und rufen sich zu. Die Strafarbeiter, das Eisen und die Kette um den Hals, wischen die Anlegebrücke. Die Blesshühner des Sees putzen sich unter meinem Fenster.

Markt Unter der Egg um 1900

Notiz aus einem der Skizzenbücher, die Victor Hugo auf seinen Reisen mitzuführen pflegte. Eintrag vom 16. September 1839. Für diese Anthologie neu übersetzt von Katharina Meyer.

FRANZ KAFKA
1883–1924

Wut über alles

Abfahrt circa drei Uhr nach Luzern um den See. Die leeren, dunklen, hügeligen, waldigen Ufer des Zuger Sees in vielen Landzungen. Amerikanischer Anblick. Widerwillen auf der Reise gegen Vergleiche mit noch nicht gesehenen Ländern. Grosse Panoramen im Luzerner Bahnhof. Rechts vom Bahnhof Skating-Rink. Wir treten unter die Diener und rufen: «Rebstock». Ist das Hotel unter den Hotels wie die Diener unter den Dienern? Brücke (nach Max) teilt wie in Zürich See von Fluss. Wo ist die deutsche Bevölkerung, welche die deutschen Aufschriften rechtfertigt? Kursaal. Die sichtbaren (deutschen) Schweizer in Zürich schienen nicht Hoteliertalente zu sein, hier, wo sie es sind, verschwinden sie, vielleicht sind sogar die Hoteliers Franzosen. Die leere Ballonhalle gegenüber. Das Hineingleiten des Luftschiffs schwer vorstellbar. Roller-Rink, berlinisches Aussehen. Obst. Das Dunkel der Strandpromenade bleibt am Abend abgegrenzt unter den Baumwipfeln. Herren mit Töchtern oder Dirnen. Schaukeln der bis zur untersten scharfen Kante sichtbaren Boote. Lächerliche Empfangsdame im Hotel, lachendes Mädchen führt immerfort weiter hinauf ins Zimmer, ernstes, rotwangiges Stubenmädchen. Kleines Treppenhaus. Versperrter eingemauerter Kasten im Zimmer. Froh, aus dem Zimmer heraus zu sein. Hätte gern Obst genachtmahlt. Gotthard-Hotel, Mädchen in Schweizer Tracht. Aprikosenkompott, Meilener Wein. Zwei ältere Frauen und ein Herr sprechen über das Altern. Entdeckung des Spielsaales in Luzern. Ein Franc Entrée. Zwei lange Tische. Wirkliche Sehenswürdigkeiten sind hässlich zu beschreiben, weil es förmlich vor Wartenden geschehen muss. An jedem Tisch ein Ausrufer in der Mitte, mit zwei Wächtern nach beiden Seiten hin.

Höchsteinsatz fünf Francs. «Die Schweizer werden gebeten, den Fremden den Vortritt zu lassen, da das Spiel zur Unterhaltung der Gäste bestimmt ist.»

Ein Tisch mit Kugel, einer mit Pferdchen. Croupiers in Kaiserrock. «Messieurs, faites votre jeu» – «marquez le jeu» – «les jeux sont faits» – «sont marqués» – «rien ne va plus». Croupiers mit vernickelten Rechen an Holzstangen. Was sie damit können: Ziehen das Geld auf die richtigen Felder, sondern es, ziehen Geld an sich, fangen von ihnen auf die Gewinnfelder geworfenes Geld auf. Einfluss der verschiedenen Croupiers auf Gewinnchancen oder besser: Der Croupier, bei dem man gewinnt, gefällt einem. Aufregung vor dem gemeinsamen Entschluss zu spielen, man fühlt sich im Saal allein. Das Geld (zehn Francs) verschwindet auf einer sanft geneigten Ebene. Der Verlust von zehn Francs wird als eine zu schwache Verlockung zum Weiterspielen empfunden, aber doch als Verlockung. Wut über alles. Ausdehnung des Tages durch dieses Spiel.

Rigi-Staffel mit vorbeiziehendem Zeppelin

Ausschnitt aus dem Tagebuch vom Sommer 1911. Franz Kafka reiste Ende August mit Max Brod von Prag in die Schweiz, an die oberitalienischen Seen und nach Paris; die Rückreise nahmen sie wiederum durch die Schweiz. Bei der Ballonhalle handelt es sich um die 1910 erstellte Luftschiffhalle für zwei Zeppeline. Die Roller-Bahn gab es 1910 in Luzern tatsächlich; sie stand neben dem Bahnhof.

FRANZ JOSEPH KAUFMANN
1825–1892

Hagelschlag über Luzern

Sonntag, den 9. Juni, hatten wir einen schwülen Vormittag, beinahe wolkenlosen weisslichen Himmel, Windstille und stechende Sonnenhitze. Fröhliches Volk ergoss sich aus der Stadt, besonders nach dem Mittagessen. Der Pilatus war tief hinab verschleiert; doch nahm das Gewölk keine drohende Haltung an und wohl Niemand dachte an den Regenschirm. Aber gegen halb 2 Uhr hatte sich ganz unerwartet eine auffallend schwarze, breite, glatte, nicht Haufen bildende, tief unten schwebende Wolke über den ganzen Sonnenberg und Gütsch gelagert. Rasch rückte sie nach Osten hin vorwärts. Der Himmel verfinsterte sich, und Windstösse erhoben sich, rasch heranwachsend zum rasenden Sturmwind, der Bäume und Häuser von der Wetterseite her anfasste, so dass da und dort ein Baum entwurzelt, Aeste gebrochen oder Ziegel und Fensterladen abgeworfen wurden. Staubwirbel und grosse Regentropfen wurden den Vorübereilenden ins Gesicht gepeitscht. Blitze malten in die schwarze Wolke ihre Zickzack; schwere dumpfe Donnerschläge liessen sich hören, und ein fernes, sonst nie gehörtes, eigentümliches Tosen, als ob Steinhaufen in den Lüften über einander geworfen würden, vermehrte das Unheimliche der Lage.

Inzwischen war es auffallend dunkel geworden, wenigstens ebenso dunkel, wie bei der grossen Sonnenfinsterniss von 1860. Der Zeiger rückt gegen 2 Uhr. Regen ergoss sich bereits in dichtern Strömen und unter heftigster Sturmeswut. Doch sehr bald, etwa 5 Minuten vor 2 Uhr, mischten sich dem Regen Hagelkörner bei, und nun sollte diese furchtbare Geissel in einer Weise geschwungen werden, wie sie Luzern vielleicht noch nie empfunden. Die Hagelkörner, anfangs nur hanfsamen- bis bohnengross, wuchsen nach Zahl und Grösse in erschreckender Schnelligkeit, verdrängten nun den Regen beinahe gänzlich und stürzten sich, windschief geworfen, mit lautem Geprassel nieder, haselnussgross, wallnussgross, ja wie Hühnereier, alles bunt durcheinander in zahlloser

Menge; ein schauerlicher Anblick. Nun flogen allenthalben Blätter und kleinere Aeste in dichtem Gewimmel von den Bäumen, fielen gebrochene Ziegel in Menge von den Dächern und klirrten viele tausend zerschlagene Fensterscheiben. Von Strassen und unbegrasten Plätzen prallten die gefallenen Hagelsteine in halb mannshohen Bogensätzen ab; aus den Brunnentrögen schnellten kleine Wassersäulen wohl 2–3 Fuss hoch empor, und ein eigentümliches Schauspiel gewährten diese unzähligen momentanen Springquellen auf dem See und in der Reuss. Anfänglich hatte das Ohr aus dem Geprassel noch einzelne Schläge wahrgenommen; jetzt aber machte der dichte Kugelregen, durch welchen man kaum die nächsten Häuser deutlich erkennen konnte, den Eindruck eines anhaltenden tiefen Basstaktes, ähnlich dem Rauschen eines mächtigen Wasserfalles. Wie versteinert stund man da, unfähig, auch nur einem Grashalme das Leben zu retten.

Endlich nach 3–4 langen Minuten, also 1–2 Minuten vor 2 Uhr, nahm das Niederfallen des Hagels fast plötzlich ein Ende und eröffnete sich der Blick in eine schneeweisse kahle Winterlandschaft. Ein mässig starker Regen, vom Westwinde getragen und mit Hagelkörnern von Hanfsamen- bis Kirschensteingrösse sparsam vermengt, hielt noch etwa eine Viertelstunde an. Doch blieb der Himmel den ganzen Nachmittag bedeckt, auch regnete es gegen Abend wieder längere Zeit, jedoch ohne stärkere Luftbewegungen.

Während des Hagelschlages hatte sich die Atmosphäre bedeutend abgekühlt; ein winterlicher Hauch trat beim Oeffnen der Türen und Fenster entgegen. Das Thermometer, welches in Luzern Morgens 7 Uhr eine Lufttemperatur von 13 R. angezeigt hatte, fiel, zufolge Beobachtung des Herrn Prof. Grossbach, während des Hagelschlages auf 10,2 R. Hingegen liess das Barometer keine Schwankungen erkennen. Dasselbe stund Morgens 7 Uhr auf 25,65 Pariser Zoll, Nachmittags 2 Uhr auf 26,675 Pariser Zoll. Diese Abkühlung der Luft einerseits und die Erwärmung, welche der Boden im Laufe des Vormittags erfahren hatte, anderseits, führten, bald nachdem der Regen aufgehört hatte, zu einer eigentümlichen Erscheinung, die Jedermann auffiel. Eine weisse, fusshohe Nebelschichte kam überall aus dem Boden heraus und schlich auf demselben fort, um endlich als Wolke aufzusteigen. Auf ähnliche Weise dampften die Ziegeldächer, und es ist der Fall vorgekommen, dass Jemand diesen Dampf für Rauch hielt und die Hausbewohner in Schrecken setzte mit dem ernstlichen Rufe, es sei Feuer ausgebrochen. Man sieht leicht ein, dass der warme Boden viel Wasser zum Verdunsten nötigte und dass die kalte Luft diesen Dunst sogleich wieder verdichten musste.

Abends 6 Uhr sah man um Luzern herum in den Niederungen fast durchweg die Eisdecke wieder geschmolzen; doch erhielten sich die Schlossen an solchen Stellen, wo sie durch den Wind zusammengehäuft worden waren, bis auf den andern Tag. An stark betroffenen Höhen und Abhängen wich die weisse Decke erst über Nacht, so z. B. am Südostabhange des Sonnenberges (oberhalb Steinhof) und bei der Kreuzbuche (Höhe zwischen Luzern und Meggen). An der Storregg aber (Ostseite des Blattenberges, beim Renggloch) hat man noch am Montag Mittag von Rathausen her den ganzen Abhang schneeweiss gesehen.

Erster Teil der Abhandlung *Ueber den Hagelschlag, welcher am 9. Juni 1861 die Gegend von Luzern betroffen hat,* veröffentlicht in: «Vierteljahresschrift der Naturforschenden Gesellschaft in Zürich», 1861. Der Text hat beträchtliche literarische Qualität.

AUGUSTIN KELLER
1805–1883

Der Bettelknabe

Es herrschten in der Stadt Luzern
Die Junker Oestreichs wieder gern;
Sie dachten hin, sie dachten her,
Gehorchen wollten sie nicht mehr.

Nun steht daselbst der Reuss entlang
Ein abgelegner Bogengang;
Und als es Nacht und finster war,
Da kam dahin die ganze Schar.

Es zog, dass sie sich kannten dran,
'nen roten Aermel jeder an;
Und trugen Dolch und Schwert bei sich,
Zu Kampf und Mord mit Hieb und Stich.

Sie wollten vorab ohne Gnad
Den Schultheiss morden und den Rat;
Und fallen sollte Stadt und Land
In einer Nacht in Habsburgs Hand.

Doch Gott, der auch im Finstern wacht,
Bei ihm war's anders ausgedacht;
Denn schon zur Zeit der Drachenbrut
War er dem Schweizerlande gut.

Ein Bettelknab lag ohne Wank
Zum Schlaf daselbst auf einer Bank;
Er hatte weder Dach noch Fach
Und war doch für die Stadt noch wach.

Er hörte still der Junker Rat
Und wollt ihn melden in die Stadt,
Doch nahmen sie beim Schopf ihn fest
Und wollten geben ihm den Rest.

Er aber schrie und schwur, den Bund
Zu machen keinem Menschen kund;
Er geht und sieht bei Metzgern Licht,
Er rennt hinauf und weint und spricht:

«Ach Ofen, lieber Ofen, du!
Ich bitte, Ofen, hör mir zu!
Ach Gott! ich weiss ein grosses Leid,
Doch bindet mich ein schwerer Eid,

Dass ich es keinem Menschen je
Darf sagen, was die Nacht gescheh';
Drum, Ofen, sei es dir gesagt,
Dir sei die Not der Stadt geklagt!»

Und drauf erzählt der Knabe schlau
Dem Ofen alles haargenau;
Um ein Uhr fange nach dem Plan
Das Morden gleich beim Schultheiss an.

Jetzt sprang, hei! jeder Gast vom Tisch,
Man fing die roten Aermel frisch;
Doch schlug man weder Mann noch Maus,
Man warf sie nur zur Stadt hinaus.
Die Nacht vor Peter und Pauli Tag
War's, als der Junker Macht erlag;

Der Knabe aber, unbekannt,
Wird dankbar heute noch genannt.

Und wer den Ofen noch will sehn,
Darf nur zu Gast bei Metzgern gehn;
Und wer Geschriebnes lesen kann,
Seh' sich daselbst die Tafel an!

Doch weiss ich nicht zu dieser Frist,
Ob's daselbst anders worden ist;
Ich nahm die Tafel oft in Acht,
Hab dort beim Glas dies Lied gemacht.

Aus: *Gedichte von Augustin Keller* von 1889. Die Gedichte des Politikers wurden von Gottfried Keller zur posthumen Veröffentlichung empfohlen. Augustin Keller war Lehrer am Untergymnasium Luzern von 1831–1834.

GOTTFRIED KELLER
1819–1890

Ein bescheidenes Kunstreischen

Als wir nach Luzern zurückgekehrt waren, führte uns ein freundlicher Stern in die permanente Kunstausstellung dieser Stadt, welche sich an zugänglichem Orte in dem alten Rathause befindet und immer etwas Neues aufzuweisen scheint. Unverhofft standen wir wenigstens vor einem neuen Bilde Arnold Böcklins, des Basler Mitbürgers Ernst Stückelbergs, von dem wir eben kamen. Kein merkwürdigerer Gegensatz hätte unser warten können. Dort ein Kreis historischer Kompositionen, das Ergebnis ganzer Entwicklungsreihen und kombinierter Arbeit; hier eine schimmernde Seifenblase der Phantasie, die vor unsern Augen in das Element zu zerfliessen droht, aus welchem sie sich gebildet hat. Es ist wieder eine von Böcklins Tritonenfamilien, die wir in ihrem Stilleben überraschen, ohne dass sie sich stören lassen. Aus den hochgehenden Meereswellen, unter den jagenden Sturmwolken hebt eine Klippe ihren Rücken gerade soviel hervor, dass die Leutchen darauf Platz finden. Der Triton sitzt aufrecht, dunkel und schattig, und lässt auf dem in die Luft gestreckten Bein das Junge reiten, das aus vollem Leibe lacht. Neben ihm liegt die Frau in völligem Müssigsein auf dem Rücken. Mit menschlichen Beinen begabt statt den Fischschwänzen, in modische Kleider gesteckt und nach Paris versetzt, würde die bildschöne Person bald im eigenen Wagen fahren; hier aber hat sie nichts zu tun, als eines der reizenden und geheimnisvollen Farbenepigramme Böcklins dazustellen. Denn wo der «schlohweisse» Menschenkörper in den Fisch übergeht, trifft ein durchbrechender Sonnenstrahl die Fischhaut, dass diese im schönsten Schmelze beglänzter Perlmutterfarben irisiert. Sowie dieser Sonnenblick hinter die Wolken tritt, wird das Märchen wieder im Wellenschaum vergehen, aus dem es gestiegen.

Die «Tritonenfamilie» von Arnold Böcklin

Auszug aus dem Text *Ein bescheidenes Kunstreischen*, Erstveröffentlichung in der «Neuen Zürcher Zeitung» 1882. Die Reise selbst unternahm Keller im Oktober 1881 zusammen mit dem Ehepaar Koller und dem St. Galler Maler Emil Rittmeyer. Mit Stückelberger ist der Maler der Fresken in der Tellskapelle (1880–1882) gemeint.

RUEDI KLAPPROTH
* 1925

Das Geheimnis im Turm

Jürg betrachtete den Holzboden aufmerksam. Langsam gewöhnten sich seine Augen an das Dämmerlicht.

Dicker Staub bedeckte die Fliesen. Überall waren Fussspuren sichtbar. Männerschuhe. Ein Abdruck war sehr deutlich zu erkennen, eine modisch geformte Schuhsohle mit geripptem Gummiprofil. Soweit Jürg sehen konnte, waren die Spuren ziemlich gleichmässig über den Raum verteilt. Bei dem einen Fenster schien der Turmbesucher sich oft aufzuhalten. Fast aller Staub war dort weggewischt, und die Schuhabdrücke waren nicht mehr einzeln zu erkennen. Jürg spähte aus der Schiessscharte. Sein Blick glitt über die Dächer der Stadt bis zu den Bergen, deren noch weisse Gipfel in den frühlingsblauen Himmel stachen. War das eine Aussicht! Links glitzerte der See. Eben durchpflügte die «Stadt Luzern», der grösste Salondampfer der Schiffahrtsgesellschaft, majestätisch das Luzerner Seebecken. Segelboote liessen sich von den grossen Wellen schaukeln, und sogar die Möwen waren als weisse Punkte zu erkennen. Die Zwiebeltürme der Jesuitenkirche beherrschten das Bild der Stadt. Leise drang das Summen der belebten Strassen und Brücken zu dem Jungen empor, der ob der Schönheit des Bildes fast seine Umgebung vergessen hatte.

«Jürg!» – Der Ruf weckte den Jungen. Er schaute hinunter in den Park und entdeckte Rocco, der auf dem Platze vor dem Häuschen stand und seinen Freund suchte.

Auf einmal fror Jürg. Er zitterte vor Kälte – und sicher auch der überstandenen Aufregung wegen.

«Rocco! Da bin ich. Hier oben im Turm!», und Jürg winkte mit dem ganzen Arm aus der Schiessscharte.

Ein Plakat des «Strassenphilosophen» Emil Manser

Ausschnitt aus dem Jugendbuch: *Das Geheimnis im Turm*, Erstveröffentlichung 1970. Klapproths Eltern lebten zeitweise in Deutschland, daher wurde er als Auslandschweizer in Saalfeld/Saale geboren. Nach der Rückkehr seiner Eltern in die Schweiz 1932 lebte er unter anderem in Luzern, wo er von 1958 bis 1972 als Primarlehrer arbeitete. Nach dem Erwerb des Lehrdiploms für Sprachunterricht war er bis 1990 als Lehrer für Deutsch am Kantonalen Kindergärtnerinnenseminar in Luzern tätig. Klapproth wohnt seit 1974 in Alpnach im Kanton Obwalden.

PAVEL KOHOUT
* 1928

Begegnung auf der Brücke

An der linken Strassenseite zeigte sich ein Durchgang. Aus Neugier stieg ich einige Stufen empor. Unter meinen Füssen erklang es wie das Dröhnen einer hölzernen Glocke. Ich befand mich in einem überwölbten Gang aus Balken. Darunter rauschte in der Dunkelheit ein schneller Fluss. Irgendwoher, vielleicht von der Kathedrale, erschallten zwölf Schläge. Anderswoher, vielleicht von den Jesuiten oder den Franziskanern, antwortete ihnen ein Echo. Als ich die Biegung des Ganges erreichte, sah ich ein Mädchen auf mich zukommen. Sie hatte ungewöhnlich schlanke, fast kindliche Beine und schien ganz in einen Umhang eingehüllt zu sein. Es wunderte mich, dass ich ihre Schritte vorher nicht gehört hatte. Vermutlich hatte sie die Füsse im Rhythmus des Mitternachtsläutens aufgesetzt. Ich wich nach rechts aus, damit sie bequem vorbeigehen konnte. Sie trat jedoch nach links, so dass wir einander plötzlich gegenüberstanden. Sie war um einen Kopf kleiner als ich, aber aus ihrem zarten Gesicht blickten mich zwei merkwürdig wissende Augen an. Ich hätte geschworen, dass ich sie irgendwo schon einmal gesehen hatte. Der Umhang fiel auseinander, Arme wurden sichtbar. – *Voulez-vous danser, monsieur?* Mir schien, als breitete sie die Arme sacht aus. Es tat mir leid, dass ich nicht Französisch konnte. – *I beg your pardon, madame?* Sie schien zu erschrecken. – *Oh? You're English!*, sagte sie völlig akzentfrei. *Würden Sie mir bitte sagen, wo ich bin?* – *I am sorry, aber auch ich verbringe in dieser Stadt meine erste Mitternacht* – *Schon der Name würde mir genügen!* Ich begriff rascher, als ich staunen konnte. Sie gehörte zweifellos zu einem jener rührend lächerlichen Häufchen, die im Bauch der riesigen Busse des AMERICAN EXPRESS über die zerwühlte und daher unleserliche Oberfläche Europas dahinrutschten. – *Sie sind in Luzern,* sagte ich. – *Und das Land?* Meine Vermutung hatte sich bestätigt. Ich musste lächeln. – Die Schweiz. – *Très bien!* Ihr Gesicht hellte sich auf. *Alors, je ne me suis pas trompée. Voulez-vous danser maintenant?* Und abermals, diesmal ganz deutlich, breitete sie die Arme aus. – *I don't understand* stotterte ich. – *You don't* wiederholte sie befremdet, und ihre Arme sanken wieder herab. *But how is it possible that you don't understand French?* – *Because I am Czech* – *Sie sind Tscheche?*, erwiderte sie in fliessendem Tschechisch. Ich war verblüfft. – *Gott! Sie sind Tschechin?* Jetzt wusste ich, was mir an ihr so bekannt war. *Woher? Und wie? Ein Ausflug? Zu Besuch? Auf Tournee? Oder hier verheiratet? Studentin? Touristin? Stewardess? Künstlerin? Ich habe das Gefühl, dass ich Sie kenne!* – *Kaum,* sagte sie. – *Das lässt sich ändern! Wollen wir nicht irgendwo hingehen? Möchten Sie nicht mit mir tanzen?* – *Nein,* antwortete sie kurz. *Noch nicht.* Die zwei Worte trafen mich wie zwei Eisklumpen. – *Noch nicht? Und wann?* – *Dann.* Und sie blickte mir über die Schulter. Hinter meinem Rücken erdröhnte die hölzerne Glocke. Schritte näherten sich. Sie ging ihnen langsam entgegen. Verständnislos drehte ich mich nach ihr um. Es war ein Mann, viel älter als ich. Das Dutzendgesicht eines Beamten oder eines Geschäftsmanns. Er wich nach rechts aus, damit sie bequem vorbeigehen konnte. Sie trat jedoch nach links, so dass sie einander plötzlich gegenüberstanden. – *Voulez-vous danser, monsieur?* Er lachte. – *Pourquoi pas, ma petite. Mais combien ça coûte?* An der Bewegung seines Daumens und seines Zeigefingers erkannte ich, dass er nach dem Preis fragte. Sie trat an ihn heran und flüsterte ihm etwas zu. Er war sichtlich betroffen. Doch als sie die Arme ausbreitete, verbeugte er sich und schlang den rechten Arm um ihre Mitte. Dann, nur vom Rauschen des Flusses begleitet, begannen sie zu tanzen, Wange an Wange, in gleichem Rhythmus, bis sie hinter der Biegung des Ganges verschwanden. Ein paar Sekunden lang hatte ich Lust, ihr ein hartes Wort nachzuschleudern, das meiner Verachtung entsprungen wäre. Aber ich tat es nicht. Langsam ging ich in der ursprünglichen Richtung weiter. Brücke und Fluss versanken in der Vergangenheit, aber dieses Erlebnis ging mir nicht aus dem Sinn. Was war das für ein Preis, dass sie ihn mir erst gar nicht genannt hatte? Was alles hatte sie dafür versprochen, dass er ihn so gehorsam akzeptiert hatte? Und warum hatte sie mir zur

Antwort gegeben *Noch nicht?* In der Hotelrezeption fand ich einen Stadtplan und verfolgte darauf meinen Weg. Über dem Fluss wölbte sich die Inschrift TOTENTANZBRÜCKE. Komischer Name. Wer war jener Herr Totentanz? Ein Dichter? Ein Politiker? Ein General? Es tat mir leid, dass ich nicht Deutsch konnte.

Pavel Kohout ist ein tschechisch-österreichischer Schriftsteller und Politiker. Als Mitglied der Kommunistischen Partei der Tschechoslowakei (KSČ) war er einer der Wortführer des Prager Frühlings. Nach dessen Scheitern wurde er 1969 aus der KSČ ausgeschlossen und weilte längere Zeit in Luzern. Auch danach besuchte er Luzern immer wieder. 1977 war er Mitverfasser und Unterzeichner der Charta 77. Ein Jahr später übernahm er eine Beratertätigkeit am Wiener Burgtheater. Daraufhin erfolgte die Ausweisung aus seiner Prager Wohnung. Er wurde 1979 mit seiner Frau Jelena ausgebürgert und ist seit 1980 österreichischer Staatsbürger. In dieser Zeit publizierte er unter anderem in Luzern, das sich einen Namen machte als «Literaturhafen von Prag». Ab 1989 konnte Kohout wieder in der Tschechoslowakei publizieren. Pavel Kohout lebt heute in Prag und Wien.

JOSEF VITAL KOPP
1906–1966

Ausmusterung

Bleiiges Novembergewölk schiebt sich tief über die Dächer der Stadt, während ich mich aufmache, dem zweitletzten Marschbefehl meines Lebens zu folgen. Um 09.45 habe ich mich laut Aufgebot, mit dem Dienstbüchlein und einem verschlossenen Arztzeugnis ausgerüstet, im Souterrain des Maihofschulhauses vor U.C. einzufinden «zwecks event. Ausmusterung aus der Armee». Ich ahne, der Tag werde das entsprechende Signet des Fatums tragen.

***

Wie ich den Schulhausplatz betrete, strömen die Kinder eben in die Pause aus. Lärm und wilder Tumult. Ich muss offenbar einen recht unsicheren Eindruck erwecken. Jedenfalls nimmt sich ein Knabe meiner an: «Ausmusterung?», fragte er. «Zwei Stiegen hinab: im Keller.»

Unten treffe ich ein Bild, das in mir homerische Vorstellungen von der Unterwelt wachruft: ein langer, nur durch schmale, an der Diele angebrachte Fenster ziemlich spärlich erleuchteter Korridor. Zu beiden Seiten sind den Wänden entlang, offenbar von einer Papiersammlung der Kinder her, Säcke und verschnürte Bündel aufgestapelt. Und auf diesen Bündeln sitzen sie nun, die Männer, die mit mir «zwecks event. Ausmusterung aus der Armee» vor U.C. aufgeboten sind: Trügen sie die Uniform, sicher ein kunterbuntes Gemisch aller Waffengattungen, Einheiten und Grade, vielleicht nicht zwei aus derselben Kompagnie. Einige Gesichter lassen vermuten, dass sich mehrere, zum Teil höhere Offiziere unter dieser Massa damnata befinden. Wie sie aber so auf den Papierbündeln sitzen und vornübergeneigt die Ellbogen auf die Knie stützen, machen sie einen seltsam einheitlichen Eindruck: Auszumusternde.

***

Es bedarf keiner Worte. Sie nicken und wieder streift mich der wässrige Blick.

«Natürlich, Herr K., mit diesem Leiden sind Sie nicht mehr als wehrfähig anzusprechen. Sie werden das Aufgebot zur Abgabe der Ausrüstung zu gegebener Zeit erhalten.»

Mir ist, als höre ich ein Fallbeil niedersausen.

Immerhin, der Hauptmann erhebt sich und reicht mir die Hand. Ob das üblich ist oder ob meine Bewegung ihn dazu veranlasst, weiss ich nicht.

«Korner Franz Xaver 31 soll antreten», trägt mir der Wachtmeister auf. Ich raffe mein Dienstbüchlein zusammen und ergreife die Flucht.

«Korner Franz Xaver 31», rufe ich mit schartiger Stimme durch den Korridor.

Da erhebt sich ein hochgewachsener, anscheinend zum Offizier geborener, aber auffallend blasser Herr und bewegt sich mit sichtlicher Mühe auf mich zu. Wie ich ihm die Türklinke reiche, trifft mich ein leidender Blick, der mir auf einmal zeigt, wie ungerecht das Leben ist.

Beschämt schleiche ich von dannen.

Auszug mit Auslassungen aus: *Diese letzten Tage meines Lebens. Reflexionen und Betrachtungen*, posthum veröffentlicht 1975. Joseph Vital Kopp lebte und starb in Luzern. *Diese letzten Tage meines Lebens* sind Aufzeichnungen aus dem letzten Lebensjahr vor seinem Tod infolge Leukämie. UC nennt sich im Schweizer Militär abgekürzt die «medizinische Untersuchungskommission», die über Tauglichkeit oder Untauglichkeit zum Militärdienst entscheidet.

JOSEPH EUTYCH KOPP
1793–1866

Das Brandunglück oder Die Schreckensnacht in Luzern

Tag und Ort des Brandes

Die Nacht von Mittwoch auf Donnerstag der Fronleichnams-Woche, den 12. auf den 13. Brachmonat 1833, war für Luzern verhängnisvoll. Ein übermächtiges Feuer wütete in Mitte der Stadt, und griff mit reissender Verheerung um sich.

Der Weinmarkt-Platz hängt mit dem des Kornmarktes, an dessen oberstem Ende das Rathaus steht, durch eine kurze und kaum 18 Schuhe breite Gasse zusammen. Neun Häuser von der ehemaligen Zunft zu den Metzgern bis zum Kornmarkt-Eckhaus, bildeten die rechte Reihe dieser Gasse. Mitten in dieser Häuserreihe war es, wo man, als bereits die furchtbare Flamme aus den Giebeldächern schlug, die grässliche Gefahr zuerst erblickte.

Feuerlärm

Die Nacht vorher hatte ein blinder Feuerlärm in der Kleinstadt die Einwohner aus der Ruhe aufgeschreckt; diessmal war es fürchterlicher Ernst. Noch um 11 Uhr hatten Nachbarn, welche diese Strasse gingen, nicht die mindeste Ahnung von Gefahr gehabt; und schon um halb 12 Uhr waren die erschrockenen Bewohner der nächsten Häuser wie mitten aus der Glut aufgeweckt. Alsobald erschien die Feuerschau; alsobald ergingen die Feuerzeichen-Notschüsse, die Lärmtrommel und das Feuerrufen durch alle Gassen, das Läuten der Sturmglocken auf dem Rathause und auf dem Bürgerturme riefen Nah und Fern zur dringendsten Hülfe auf. Es schlug Mitternacht.

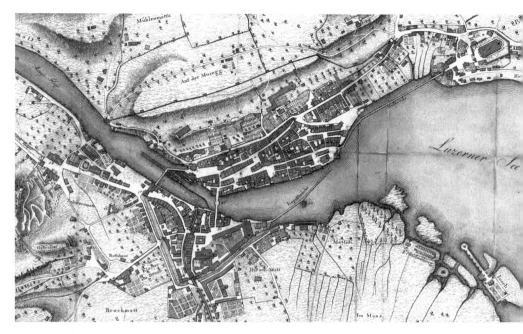

Luzern um 1820

Schrecken und Verwirrung

Um diese Stunde sass der Feuerrat, in der Nähe der Gefahr, auf dem Rathause bereits beisammen. Aber die schleunigste Hülfe, die durchaus notwendig war, wenn man des Brandes vor seinem Umsichgreifen Meister werden wollte, war noch unmöglich. Nicht nur hatte die Gewalt des Schreckens Viele betäubt, fast Alle gelähmt: Sondern jeder mehr oder weniger Benachbarte, die Not der Brennenden über der eigenen Gefahr vergessend, suchte zu flüchten, was er konnte; selbst Entferntere, in deren Gegend an eine unmittelbare Gefahr durchaus nicht zu denken war, beschäftigten für ihre eigene Rettung ein Menge Hände, entzogen sie so der Brandstätte, und trugen zur anfänglichen Verwirrung und Lähmung bei. Dadurch wurde es möglich, dass die Flamme, der noch kein bedeutender Einhalt getan werden konnte, von den Dächern teils tiefer in die Häuser hinabfrass, teils weiter und weiter über die Giebel sich verbreitete. Zu löschen, ja nur dem Brande beizukommen, war bisdahin unmöglich gewesen. Nunmehr rückten sämtliche Brandrotten der Stadt mit Spritzen und Leitern auf die Stätte, vor allem traf die Spritze No. 9 ein; unverdrossen ward gearbeitet. Aber der Brand hatte sich inzwischen bedeutend vergrössert, hatte in 3 Viertelstunden bereits fünf Giebel der obern Häuserreihe ergriffen, und die Gefahr gewann ein noch drohenderes Aussehen.

Grösse der Gefahr

Schon waren die Häuser No. 222 und 224, unrettbar, von dem Feuer ergriffen, und fingen an, in sich zusammenzubrechen; kaum konnte von den Bewohnern das Notwendigste der Vernichtung entrissen werden. Bereits waren auch die Flammen in dieser Reihe nach Oben und nach Unten vorgedrungen, und schon standen dem Kornmarkte zu das Haus No. 225, und gegen den Weinmarkt die Häuser No. 221 und 217 in vollem Brande. Der Wind, wenn auch nicht bedeutend stark, doch spürbar genug, lief gegen den Weinmarkt; und das Wirtshaus zu den Metzgern schwebte in der augenscheinlichsten Gefahr. Wurde auch dieses ergriffen, und drang noch die Flamme seewärts zu den Häusern an der Egg, so war der ganze Häuserstock hinab bis zum Gasthofe der Wage und weiter, und hinauf bis zum Zunfthause der Pfister, und mit diesem auch das Rathaus, wohl unzweifelhaft verloren. Hinwiederum schlug von der eigentlichen Brandstätte Hitze und Glut, ja schon die Flamme selber, an die so ganz nahe linke Reihe der Häuser hinüber; und wofern diese ebenfalls ein Raub der Flammen werden sollten, so schien menschliches Sinnen und menschliche Kraft zu schwach, um dem Ausbreiten des furchtbaren Elementes in die ganze Grossstadt zu wehren. Da war nun augenblickliche, durchgreifende, aufopfernde Hülfe notwendig. Die Stunde ging auf 1 Uhr.

Hülfe in der Not

In dieser äussersten Gefahr verlangte der Feuer-Inspektor, um dem fernern Umsichgreifen des Feuers zu steuern, die Vollmacht, die Zunft zu den Metzgern abtragen zu dürfen. Der Feuerrat, nachdem er sich durch einen Augenschein aus seiner Mitte von der Notwendigkeit dieser Massregel überzeugt hatte, erteilte die schriftliche Vollmacht. Die Lage der Dinge rechtfertigte diese entschiedene Massregel sattsam; denn obschon sich auch dort viele Wasserreihen gebildet hatten und die Feuerspritzen in unermüdlicher Tätigkeit waren, so konnten diese doch für sich allein nicht im Stande sein, das Feuer mit Nachdruck zu bändigen. Es musste ihm durchaus sein Nahrungsstoff entzogen werden. Da war nun ein langedauerndes, ungleichkräftiges Ringen und Kämpfen menschlicher Anstrengung gegen die übermächtige Wut der empörten Flamme, die sich gewaltsam durch Türe, Fenster, Rauchfang zu entfesseln suchte und jede, ihr aufs neue sich entgegensetzende, Schranke niederzureissen drohte. In diesen nachmitternächtlichen Stunden bis gegen den frühen Morgen hin, noch bevor der Tag anbrach, war es ein herzzerreissendes, entsetzlich furchtbares Schauspiel, dieses Glutmeer zu schauen, das aus allen Oeffnungen sich tobend wälzte, die Nacht grässlich erleuchtete, und mit unersättlicher Begierde was es erreichen konnte ergriff. Aber auch die Menschen fühlten sich durch die Not über ihre gewöhnliche Kraft erhoben; überall sah man die rettende Hand, überall die christliche Hülfe. Das jüngere Alter und das zärtere Frauengeschlecht, Einheimische und Fremde, Lehrer und Studierende, Behörden und Bürger, Geistliche und Weltliche, Alle ohne Unterschied, fand man einträchtig zu Einem Ziele vereinigt, dem grausen Uebel abzuhelfen. Aber auch Gottes wurde nicht vergessen. Von Einzelnen oder von ganzen Gassen, im stillen Herzen oder mit inbrünstigen Lippen, wurden fromme Gelübde zu Gottes nahen Tempeln oder an entferntere Wallfahrtsstätten übernommen. Die ehrwürdigen Väter Capuciner, als sie zu Hülfe eilend auf der Brandstätte eintrafen, warfen sich auf die Knie, beteten kurz und innig, standen auf, und arbeiteten mutvoll, mit Geistesgegenwart an gefahrvollen Stellen, bis zur Ermüdung. So strengten sich die Meisten an. Während noch aus den brennenden Häusern und den zunächstbedrohten Alles, was zu retten möglich war, in die Kirchen und entferntern Wohnungen in Sicherheit gebracht wurde, arbeiteten ohne Rast die Spritzen, bildeten sich neue Wasserreihen mit dem Anschwellen der Menschenmenge, kamen von der Landschaft die erste Brandrotte von Adligenschwyl und die erste Feuerspritze von Rothenburg (zu Trost und Bestärkung der nahenden mehrern Hülfe), wurden kühn die Leitern angelegt und nicht ohne Lebensgefahr die Dächer bestiegen. So gelang es den vereinten Anstrengungen einiger mutvoller Männer das brennende Dachfenster des Hauses No. 223 herunterzuhauen, um dadurch bei eigener grosser Gefahr das Anpacken der Flammen an die linke Häuserreihe zu vereiteln, nachdem das Feuer schon ein Paarmal angefasst hatte, und damit die Gefahr von dieser Seite der Grossstadt kräftigst abzuwenden. Indessen war auf den Metzgern der Eifer und die Tätigkeit eben so wackerer Männer nicht minder gross gewesen, und es war ihnen ebenfalls gelungen, den Dachstuhl des Zunfthauses abzudecken, und so dem Feuer seine Nahrung und sein gefährlichstes Verbreitungsmittel zu entziehen. Dieser glückliche Umstand, begünstigt durch die starke Feuermauer des Wirtshauses und die veränderte Richtung des Windes, der bisdahin hinunter gedrückt hatte, ist es offenbar, der die übrigen obern Häuser dieses Stockes und den ganzen Weinmarkt von der augenscheinlichsten Gefahr befreite.

Weitere Gefahr

Allein noch bevor man sich der Beruhigung überlassen konnte, diese obere Reihe von fernerem Unglücke bewahrt zu wissen, hatte sich der Brand in der untern am See hinlaufenden Reihe jenen Häusern mitgeteilt, welche aufwärts an das Zunfthaus zu den Pfistern und abwärts an das der Schneider sich anlehnend, auf dem Schwibbogen unter der Egg ruheten. Hier war das Drohende um so bedenklicher, weil einerseits von der Wasserseite die Vorkehrungen zur Hülfe nicht so leicht zu treffen waren und andrerseits zwischen der obern und untern Häuserreihe kein freier Raum mehr war, wie in ältern Zeiten, wo sich durch die beiden Reihen eine Gasse zog und da, wo jetzt die Häuser Nro. 343 und 345 stehen, in den Kornmarkt auslief; vielmehr ward die früher offene Verbindung nun durch sogenannte Höflein und Holzverschläge aufgehoben – ein Uebelstand, der, durch Sorglosigkeit nach und nach eingeschlichen, sich jetzt als äusserst verderblich bewährte. Als nun zuerst das Haus Nro. 348 von dem unaufgehaltenen Feuer ergriffen wurde, und bereits die Ansteckung rechts und links den Häusern Nro. 347 und 349 mitteilte, und die immer wachsende Gefahr weiter hinauf und weiter hinab die Wirtshäuser zum Raben und zum Schwanen in die äusserste Bangigkeit versetzte; da beschloss der Feuerrat, weil, vorzüglich des schweren Zuganges wegen, alle Mühe der wackern Mannschaft die Mitteilung des Feuers zu verhindern unzureichend und fruchtlos war, die obern abgebrannten Häuser schnellstmöglich niederzuschiessen, und so sich durch vier Kanonen einen leichtern Zugang zu brechen. Allein nicht nur war dieser Versuch mit Gefährdung des Lebens Anderer verbunden, sondern er hatte auch noch den doppelten Nachteil, dass erstens die gehoffte Bewirkung eines bessern Zugangs nicht erzielt, und zweitens dass inzwischen die Löschanstalten ganz ausser Tätigkeit gesetzt wurden. Man liess also bereit um halb 4 Uhr das Kanonenfeuer wieder einstellen. Mittlerweile standen die drei Häuser Nro. 347, 348 und 349, in vollen Flammen; ja, diese griffen bereits zum Raben hinauf, und, trotz aller Anstrengung unermüdeter Männer, erwehrte sich mit stets abnehmender Hoffnung und Kraft die Seitenmauer zum Schwanen des eindringenden Brandes. Denn sobald das hohe Giebeldach des Hauses Nro. 349 einstürzte, wälzte sich in doppelten Wogen das Feuer, oben von dem Hause Nro. 217 und zur Seite von Nro. 349 her, unaufhaltsam auf das Wirtshaus zum Schwanen. Da war nun keine Rettung mehr möglich. Indessen, noch bevor dem gewaltigsten Kraftaufbieten die Gewissheit ward, dass dieses Haus als letztes Opfer dem verheerenden Elemente fallen werde, hatte der Feuerrat es übernommen, vom Rathause die schnell sich herannahende Gefahr zu entfernen. Schon drohte vom Raben her das Feuer, das Dach zu den Pfistern zu ergreifen; bereits trug der Wind auf das Rathausdach brennende Schindeln hinüber, und dessen Windladen konnten mit jedem Augenblicke Feuer fangen: Da war unverweilte Hülfe notwendig. Alsobald wurde das Dach des Rathauses mit Tüchern belegt, und dieselben mit unausgesetztem Spritzenwasser durchnässet; zu gleicher Zeit wurde im obersten, Pfistern gegenüber liegenden, Eckzimmer des Rathauses eine Spritze aufgestellt, und damit gegen die vorspringende Rathausdachdecke, wo der gefährlichste Feuerpunkt war, unermüdlich gewirkt. In denselben Augenblicken standen wackere, beherzte, sich hingebende Männer, mit Aexten bewaffnet, auf den brennenden oder hartbedrohten Dächern zum Raben und zu den Pfistern, um dieselben, was einzig in die Dauer retten konnte, in kühner lebensgefährlicher Wagniss abzubrechen und abzutragen. Mit entschlossener Mühe und vollkommener Ausdauer führten sie das Werk glücklich aus, und so haben diese Männer, mit Errettung des Zunfthauses zu den Pfistern, auch das Rathaus vor Einäscherung bewahrt. Es war Morgens 8 Uhr, als man, nach fast übermenschlicher Anstrengung, des Brandes Meister zu werden anfing.

Ausschnitt aus dem Text *Das Brand-Unglück oder die Schreckensnacht in Luzern vom 12ten auf den 13ten Brachmonat 1833, nach den Akten und den glaubwürdigsten Aussagen dargestellt.* Verfasst und veröffentlicht 1833. Joseph Eutych Kopp war Professor für alte Sprachen am Lyzeum Luzern. Die sprachliche Gestaltungskraft in diesem Bericht hat wiederum hohe literarische Qualität.

CÉCILE LAUBER
1887–1981

Die Glocken der Hofkirche Luzerns

Luzerns Hauptkirche, die Hofkirche, hat ein sonores Glockengeläute acht aufeinander abgestimmter Glocken. Wenn nun alle vereint am Samstagabend beim Einnachten aufrauschen, erhalten Stadt und Landschaft ernste Grösse. Dunkle Stimmen singen über ihr ein altes Lied. Es ist, als riefen sie immerzu:

«Alt – alt – uralt, aus ferner Heldenzeit stammt deine Heimat.

Sie stand – stand in bösen und in guten Tagen;

– steht – steht, wird weiter stehen im Schutz der ewigen Berge, ein ewiges Land.»

Als ob sie mehr wüssten, weiter blickten, aus Jahrhunderten in Jahrhunderte. Sie rufen über beschattete Hügel hinweg, deren Konturen die Abendsonne rot nachzieht.

Geruhsam nickt die Stadt ein zu traumreichem und behütetem Schlaf. Die grosse Sicherheit, die den Stimmen der Glocken entströmt, hat selbst dem nachtfurchtsamen Kind die Angst vor der Dunkelheit aus dem Herzen vertrieben.

Wie könnte es Feuer geben! – Wie ein Unglück geschehen! – Woher der Feind einbrechen, wenn die Glocken den Feierabend eingesungen haben!

Heute freilich sind in das Samstagabend-Hofgeläute viele wohlklingende und machtvolle Glocken anderer Gotteshäuser miteinbezogen. Ein Meer von Tönen rauscht aus über den Dächern der Stadt. Das Geläute ist dadurch wohl voller, aber nicht bedeutsamer geworden. Einsam schwingt auch heute noch die Theodulsglocke der Hofkirche über alle andern hinweg.

In den beiden hohen Türmen des Hofes hangen die ehrwürdigen Instrumente an federnden Eichenbalken, die zum Teil so alt sind wie die Glocken selber.

Durch die offenen Fenster blitzt der See; ringsum grüssen Hügel. Die Stadt liegt brummend zu Füssen der Türme. Tauben und Schwalben nisten im Schutze der Glocken, die Fledermäuse hausen in ihrem Schatten.

Das Geläute von heute ist dasselbe, das im Jahre 1633 gegossen, zusammengestellt und gegen Ende des 18. Jahrhunderts durch zwei weitere Glocken vervollständigt worden ist.

Als am 27. März 1633 der Dachdecker Peter Steiner auf Geheiss des Stiftsbauherrn die Dohlen von den Türmen der Hofkirche abschiessen wollte, geriet die ganze Kirche in Brand. Sie loderte mit hemmungsloser Gewalt die ganze Nacht hindurch und stand in der Frühe des Ostermontags eingestürzt, als rauchender Trümmerhaufen vor dem Anblick der Gläubigen. Alle ihre Glocken lagen zu Klumpen geschmolzen in der Tiefe.

Aber schon zwei Monate später, während noch die verrussten Mauern abgetragen wurden, begannen auf dem Platz zwischen den beiden Treppen, wo heute der Marienbrunnen im Schatten knospender Platanen dem Sommer entgegenwartet, drei lothringische Giesser eine Grube auszuwerfen, aus der die Glocken neu hervorgehn sollten, hergestellt aus dem verschmolzenen Metall und altem Silber, das die Luzerner Bürger aus eigenem Besitz ergänzend herbeitrugen.

Drei Jahre später, bei der Einweihung der neuaufgebauten Kirche, schwangen sie jubelnd aus ihren Türmen, in der Art verteilt, wie sie es heute noch sind.

Ausschnitt aus dem essayistischen Text *Die Glocken der Hofkirche Luzerns*, erstmals erschienen 1947. Cécile Lauber war die Tochter eines Direktors der Gotthardbahn. Sie besuchte unter anderem die Kunstgewerbeschule Luzern. Nach ihrer Heirat mit dem Juristen Werner Lauber im Jahre 1913 lebte das Paar anfangs in Lausanne und ab 1918 in Luzern. Die Schriftellerin Lauber verstarb 1981 in Luzern und wurde auf dem Friedhof Friedental beigesetzt. Im sogenannten Am-Rhyn-Haus ist ihr ein Zimmer gewidmet, wie auch Kuno Müller und Carl Spitteler.

GERTRUD LEUTENEGGER
* 1948

Das verlorene Monument

An einem Februarmorgen wälzen sich gigantische Rauchmassen in die schneeklare Luft, die sogar in den umliegenden Kantonen gesehen werden. Der Luzerner Bahnhof brennt! Um 8.30 wird am Kiosk die letzte Zeitung ausgehändigt, dann werden die Fenster vorgeschoben. Obwohl bereits die Sirene durch die Halle gellt, wird im Buffet erster Klasse immer noch das Frühstück serviert. Um 8.35 beginnt das Licht zu flackern und erlöscht mit einemmal vollends, Getuschel beim Servierpersonal, sonst nichts, die unentwegten Zeitungsleser an den Frühstückstischen lassen sich nicht stören und suchen die von aussen spärlich hereindringende Helligkeit, indem sie die Stühle etwas rutschen und die Zeitung höher ans Auge und leicht schräg gegen die Fensterscheiben halten, hinter denen in immer hektischerem Tempo rote Feuerwehrautos vorbeirasen, plötzlich tauchen um 8.40 an verschiedenen Orten im Saal die Kellner gleichzeitig auf und bitten höflich um Bezahlung, um 8.45 erscheint der Chef de service und fordert, sich entschuldigend, alle Gäste auf, das Buffet augenblicklich zu verlassen, den verwirrt Aufstehenden werden vom Personal die Stühle nun förmlich unter der Sitzfläche weggezogen, die Tische mit halbvollen Silberkaffeekannen, angebissenen Buttergipfeln auf die Passage hinausgestellt, Hüte und Mäntel von der Garderobe nur noch zum Teil überreicht, grösstenteils aber einfach den Gästen entgegengeworfen, inzwischen dringt beissender Rauch durch die Halle, die letzten das Buffet Verlassenden werden von der Feuerwehr zu den Ausgangstoren gezerrt, die hinter ihnen sogleich zufallen, der Dachstock des Westflügels hat Feuer gefangen, das sich rasch gegen die Kuppel hin ausbreitet, die Frontfenster klirren, unter der Einwirkung der weit über den Bahnhofplatz wahrnehmbaren Hitze brechen ganze Reihen durch, um 8.50 lodern die Flammen mehr krachend als prasselnd aus der Kuppelhöhe, über vierhundert Feuerwehrleute kämpfen sich durch die immer unerträglichere Hitze, Ohnmächtige, Verletzte werden hinausgetragen, in den zahlreichen Blindböden und verwinkelten Gängen des Personaltrakts bricht das Feuer an den unerwartetsten Punkten aus, bereits erfolgen dort überstürzte Rückzüge, das Schlauchmaterial muss in den Flammen zurückgelassen werden, Ziegel fliegen durch die Luft, niederstürzende glühende Balken, gespensterhaftes Aufleuchten von sich krümmenden Eisenteilen, immer aber noch wird der Brand auf klassische Weise von innen bekämpft, dazu schrillt ununterbrochen das ausser Kontrolle geratene Alarmhorn, um 9.03 steht die grosse Uhr an der Frontfassade still, die Kuppelstatik, jetzt ein einziges gleissendes Strahlengerippe, verzerrt sich, um 9.06 bricht unter einem gewaltigen, aber fast lautlosen Flammenspeien die Kuppel in sich zusammen. Auf den Perrondächern weht schwarzer Schnee. Über den Trümmern fliegen rote Fetzen.

Ausschnitt aus dem Text *Das verlorene Monument*, veröffentlicht in *Das verlorene Monument* von 1985. Gertrud Leutenegger ist in Schwyz aufgewachsen, heute wohnt sie in Zürich. Bahnhof Luzern: Am 5. Februar 1971 brannte der Luzerner Bahnhof fast vollständig aus. Dabei kam niemand ums Leben. In den 1970er-Jahren wurde die Anlage notdürftig wiederhergestellt, sodass ein Weiterbetrieb möglich war. Mit den Partnern der SBB, der PTT, der Stadt und dem Kanton Luzern wurde ab 1980 in einem mehrstufigen Architekturwettbewerb eine umfassende Neuplanung des Bahnhofs eingeleitet. Dazu wurde die zukünftige Entwicklung des Knotenpunktes Luzern berücksichtigt. Ein Durchgangsbahnhof mit Tunnel unter dem Luzerner Seebecken konnte jedoch nicht verwirklicht werden. Es war übrigens bereits der zweite Luzerner Bahnhof, der brannte: 1894–1896 entstand nach dem ersten Brand und nach Plänen von Hans Wilhelm Auer ein grosszügiger Neubau mit markanter Kuppel. Im Gegensatz zu seinem Vorgängerbau war er um 90° gedreht, weshalb auch die Linienführung der Zufahrt änderte. Die Gleise kreuzten nun keine Strassen mehr auf gleichem Niveau, sondern verliefen auf Bahndämmen oder in Einschnitten. Die Brünigbahn konnte ebenfalls in die neue Anlage integriert werden. Im Rahmen der Elektrifizierung der schweizerischen Bahnlinien 1922 wurde der Bahnhof mit Fahrleitungen für den elektrischen Zugbetrieb ausgestattet.

Der Bahnhofsbrand am 5. Februar 1971

OTTO HELLMUT LIENERT
1897–1965

Traumhaftes Luzern

Da liegt Luzern, so farbensatt,
auf schönstem Fleck, als Schweizer Stadt,
grad wie auf grünen Kissen.
Ihm will ein Himmel sonnenwarm,
mit Berg und Wasser ohne Harm,
blauweiss die Fahne hissen.
Pilatus, der als Riese steht,
in stolzer Ruh und Majestät,
uralt wie seine Sagen.
Er blickt hinunter auf Luzern,
erhaben wie der höchste Stern
von Gottes grossem Wagen.

Voll Stimmen stösst ein grauer Wind
bis dorthin vor, wo Gassen sind
und bringt der Altstadt Regen.
Mit Flut und Wolken aber tritt
ihm harsch, auf seinem kühnen Ritt,
der heisse Föhn entgegen.
Es steige auf den Wasserturm,
wer sich nicht fürchtet vor dem Sturm,
doch freut an alten Bildern;
sie schreiten aus der Kapellbrück'
und zaubern eine Welt zurück,
mit Fähnchen, Brand und Schildern.

Ein Mordskerl, wie ein Wilder Mann,
der war's, mit dem der Zug begann,
ein Engel trug die Ampel.
Und was hier floh bei Glockenklang,
mit Schwur, Gebet und Sing und Sang,
war alter Zeit Getrampel.
Die Brücke aber nicht zerfiel,
ob eines Spukes bösem Spiel,
auch nicht die Museggtürme.
Sei alt, sei neu das Holzgebälk,
Luzern bleibt jung, wird niemals welk
und überdauert Stürme.

Das Firmament im Glanzgewand
erscheint als wahres Morgenland
im Abendlied des Raumes.
Und bei des Himmels letzter Glut,
so taucht nun aus der Schattenflut
Luzern, als Wunschort eines Traumes.

Otto Hellmut Lienert stammt aus Einsiedeln. Er ist ein Neffe des Mundart- und Heimatdichters Meinrad Lienert. Nach seiner Heirat mit der Surseer Musikerin Gertrud Frei übersiedelte er 1937 nach Sursee, wo er während rund drei Jahrzehnten als freier Autor sowie als Mitarbeiter bei Zeitschriften und beim Radio lebte.

Z. LINDEN
1888–Unbekannt

s Paradiesgässli

s isch neume bi de Chappelgass
es Gässli, chli und lis,
chum Platz zum Chehre, eitue glich,
es heisst zum Paradies.

Und ischs au äng und ischs au churz,
s isch pflaschteret mit Stei,
höch Mure stönd und z hindrisch no
es Höfli lid im Chneu.

Balkönli heds mit Meie druf,
vernaglet Wand und Brätt –
es Stückli Himmel lacht und schint
is Gässli abe nätt.

En alti Sandsteitüre stohd
verkünstlet und verbrämt
linggs hinde, jo, es dunkt eim so,
me do wohl durechämt

is Änedra durs Törli do
uf gueti Art und Wis –
es füerid all Wäg neume hi
gwüss au is Paradies.

Aus: *Luzärn. Grimts und Ungrimts*, von 1955. Z. Linden (oder: Zur Linden), eigentlich Wilhem Zurlinden, lebte als Postbeamter in der Stadt Luzern und schrieb fast ausschliesslich in Luzerner Mundart.

CARL ALBERT LOOSLI
1877–1959

Der Siegwarthandel!

Durch die Aufstellung und Enthüllung der *Schwingergruppe* unseres Mitgliedes, Herrn Hugo Siegwart, sind endlich die Akten einer Polemik geschlossen worden, welche während mehr als zwei Jahren die «frumben» Gemüter Luzerns fürchterlich aufgeregt hat. Es war eine merkwürdig interessante, eine in mancher Hinsicht charakteristische, und, dass wir es geradeheraus sagen, im ganzen eine schmutzige Polemik, welche schliesslich in der ganzen schweizerischen und zum Teil auch in der ausländischen Presse widerhallte.

Das entbindet uns der Notwendigkeit, ihren Entwicklungsgang in allen Einzelheiten noch einmal zu wiederholen – wir erinnern uns ja noch alle mit Schrecken und Ekel daran. Immerhin mag festgestellt werden, dass im Anfang jedermann dem Werke nur Töne der Bewunderung und des Einverständnisses zollte, sogar diejenigen, welche sich später als seine erbittertsten Feinde ausgaben.

Den ersten Vorstoss gegen die *Schwinger* machte das *Vaterland,* die ultramontane Zeitung Luzerns, welche das führende Organ der katholischen Partei der Innerschweiz ist. Es schrie «Sittio!» Die Moral sei gefährdet! Denn – man entsetze sich – die *Schwinger* Siegwarts sind nackt! Damit war der Anfang eines leidenschaftlichen Streites gegeben, und dieser Streit verpflanzte sich in unheimlich kurzer Zeit auf das rein politische Gebiet hinüber. Das erklärt, warum er so giftig und schmutzig wurde. Es wäre wie gesagt überflüssig, wollte man ihn in seiner ganzen Gemeinheit noch einmal, wenn auch nur retrospektiv, aufrollen. Die *Gazette de Lausanne* sprach in einem Artikel vom 6. Februar das erlösende Wort, indem sie den ganzen Handel trefflich wie folgt charakterisierte: «Ich habe mich überzeugt, dass der einzige Skandal, der vorhanden war, in dem bestand, der hineingetragen wurde. Die Schüler können die Augen aufreissen wie sie wollen, sie werden nie begreifen, warum die Gruppe solchen Anstoss erregte.»

Denn man merke sich, was anstössig war oder an was man Anstoss zu nehmen vorgab, war die Nacktheit! Und man merke sich zweitens, dass eine Kunstfrage zur politischen Frage gestempelt wurde in leidenschaftlicher, grenzenloser Art.

Die Nacktheit in der Kunst hat die Eigenschaft, eine gewisse Klasse von Leuten aufzuregen. Es ist nicht unsere Sache, an dieser Stelle zu untersuchen, ob und inwiefern dieser Seelenzustand gerechtfertigt ist. Es genüge uns festzustellen, dass er mit der Wertung eines Kunstwerkes nichts zu schaffen hat und dass das Hineintragen dieses Standpunktes in eine künstlerische Debatte eine Verschiebung des natürlichen Diskussionsbodens bedeutet.

Denn die Kunst und die überlieferte Moral sind zwei in ihrem Wesen absolut verschiedene Begriffe und haben nichts miteinander gemein. Die Anwendung von Moralgesetzen auf die Kunst ist zum mindesten ebenso blödsinnig wie es das Umgekehrte wäre. Oder lehnen wir die Moral etwa ab, weil die meisten Moraltraktate und -bücher in einem unmöglichen Deutsch geschrieben sind?

Und damit kommen wir zum eigentlichen Kernpunkt der Frage, welche die guten Luzerner so lange und so eingehend beschäftigt hat. Der Künstler, gleichviel ob er Maler, Bildhauer, Architekt oder Dichter sei, hat sich hier ein natürliches Recht zu wahren. Nämlich das der ausschliesslichen Anerkennung der rein künstlerischen Kritik, und jede Aussetzung, welche über das Gebiet der Kunst hinausgeht, hat er energisch von der Hand zu weisen. Die Moral leidet nicht darunter, denn die Erfahrung von Jahrhunderten hat es erhärtet, nämlich dass ein Werk, welches auf die niederen Instinkte allein spekuliert, gerade darum kein Kunstwerk ist.

Die Wertung, welche an Siegwarts *Schwinger* gelegt wurde, die moralische Wertung ist darum irrtümlich, unanständig und verlogen.

Und nicht besser steht es mit den politischen Argumenten, welche in unserm braven Lande fast täglich für oder gegen dieses

Detail der «Schwingergruppe» im Inselipark

oder jenes Kunstwerk ins Feld geführt werden. Denn die Politik ist in letzter Linie die Wissenschaft der momentanen Zweckmässigkeit, des Zeitlichen, während die Kunst den Ewigkeitsbezug als hervorragendste Eigenschaft in sich trägt und darum nicht mit dem Massstabe des Zeitlichen gemessen werden darf. Und noch weniger mit dem der momentanen Leidenschaften, der Gunst und Ungunst.

Denn noch einmal: Die Kunst soll nicht belehren, nicht erziehen, nicht moralisieren, nicht dem Tage dienen. Mit einem Wort: Die Kunst soll vor allen Dingen nicht sollen!

Aus diesem Grunde protestieren wir gegen die Vorkommnisse in Luzern und werden nicht aufhören zu protestieren, sooft man es wagen wird, die Kunst mit Moral oder Sittlichkeit oder andern Fremdkörpern zu vergewaltigen, wie es im Falle Siegwart vorgekommen ist!

Der Text war ein Artikel in der «Schweizerkunst» vom April 1909 und als solcher eine Reaktion auf die katholische Zeitung «Vaterland», die die betreffende Skulptur als unschön, als nicht erhöhend, sondern das Hässliche, Dumme darstellend angriff. Hintergrund: Hugo Siegwarts (1865–1938) *Schwingergruppe* aus dem Jahr 1905, von der das Kunstmuseum Luzern je eine kleine Fassung in Gips und Bronze besitzt, erhitzte vor hundert Jahren die Gemüter. Die Darstellung der beiden nackten Männer wurde von kirchlichen Kreisen nicht nur als unanständig, sondern als anstössig taxiert. Man versuchte eine öffentliche Aufstellung zum Schutz der Jugend zu verhindern. Die Skulptur gehöre in ein Museum, das nicht für die breite Öffentlichkeit, für Passanten und Gaffer, sondern für zielgerichtete Interessenten und für Kunstverständige bestimmt sei, wurde gefordert. Loosli reagierte nach einem Gegenartikel des «Vaterlandes» erneut und entlarvt deren Moralität als heuchlerisch: Wenn doch gerade wieder Fälle von priesterlicher Unzucht bekanntgeworden seien, solle man nicht die Kunst verdammen, sondern zuerst einmal kirchenintern anfangen mit moralisch richtigem Leben. Die grosse *Schwingergruppe* steht heute auf dem sogenannten «Inseli» hinter dem Kunstmuseum und wird dort kaum mehr wahrgenommen. Loosli selbst war mehrmals in Luzern; vor allem war er es, der den Kontakt von Carl Spitteler zu Ferdinand Hodler herstellte, der dann das nachmalig berühmte Bild Spittelers malte.

ALOIS LÜTOLF
1824–1879

Der Untergang Lucerns (eine Weissagung Bruder Klausens)

Die Stadt Lucern, welche zu Anfang den kleinsten Schaden gelitten, wird dann den grössten Schaden leiden, ja die Stadt wird so verheert, und die Leute so ausgetilget werden, dass in dem sogenannten Kronengässli die Brombeerdörner zu den Fenstern hinein wachsen werden.

Ein Pilger besucht Bruder Klaus in Flüeli-Ranft bei Sachseln

Alois Lütolf sammelte wie die Gebrüder Grimm verschiedenste Sagen, die er als Buch unter dem Titel *Sagen, Bräuche und Legenden aus den fünf Orten Luzern, Uri, Schwyz, Unterwalden und Zug* im Jahr 1862 veröffentlichte. Hier ist ein Ausschnitt aus einer Weissagung, die Bruder Klaus (oder alternativ: Thomas Wandeler) zugeschrieben wird.

KLAUS MANN
1906–1949

Tagebuch 1935

 25.XI. ––––– (Luzern, Hôtel National). Wieder schauerlich depressiv – oder süchtig? (Aber ich glaube nicht, dass es das, oder vor allem das ist.) Wieder geschrien vor Traurigkeit. Wie soll ich es schaffen? Lieber Gott, wie SOLL ich es schaffen?? Du süsser Tod. – – –
 Schrecklicher Abend. Mir scheint, ich erinnere mich an keinen, der ebenso schrecklich. Vollkommen erstarrt vor Verzweiflung; konnte nicht lesen, kaum rauchen. Nichts gegessen. Nur gelegen und an den Tod gedacht. – Dazwischen mit dem kleinen Hans Ulrich Gasser. Wie ein Automat mit ihm gesprochen. – Später ein paar Minuten mit E. Es ist nur Ausfallserscheinung, sagt sie. – Es ist furchtbar, dass ich ihr das antun muss.

Auszug aus dem Tagebuch von 1935. Die Existenz von Klaus Manns Tagebüchern wurde erst 1989 bekannt. Seit 1991 liegt die erstmals in Auszügen veröffentlichte, sechsbändige Ausgabe geschlossen vor. Die Tagebücher dürfen laut Verfügung der Familie aber erst ab 2010 komplett veröffentlicht werden, sind für die Forschung jedoch schon länger freigegeben. Sie geben unverstellt Auskunft über Klaus Manns Liebesleben, die Drogensucht, den kaum zu beherrschenden Todeswunsch, seine Hoffnungen, Träume und Alpträume und die schwierige Beziehung zum Vater.

LUDWIG MARCUSE
1894–1971

Geisterinsel Tribschen

Man kann die Geschichte von Tribschen idyllisch beschreiben. Da lag, auf der Spitze einer Halbinsel, die in den Vierwaldstätter See hineinragt, ein dreistöckiges Haus mit Sicht auf Rigi und Pilatus und einem Park, der die Einwohner freundlich vereinsamte. In dieser Künstlerklause, möbliert von der bewährten Wiener Putzmacherin Bertha Goldwag, unter Bäumen, die das Heim Tag und Nacht behüteten, auch wohl auf den Feldwegen ringsum, entstanden «Die Meistersinger» und die Musik zum «Ring». Selbst die nähere Umgebung wirkte freundlich mit. Eintragungen: «Luzerner Gesellschaft zum Diner», «Ausflug nach Interlaken: Jungfrau.»

Seine Beschreibung des Tribschener Alltags, die aus dem Jahre 1869 stammt, ist herzerquickend. Morgens, nach kalter Abwaschung, ein bescheidenes Frühstück, ein kurzer Blick in die Zeitung, in die Post. Um zehn geht es ins grüne, «freundliche, trauliche» Arbeitszimmer, ans Pult, an die Partitur: «Diese gewährt mir jedesmal drei schöne, einzig erfreuende und gehaltvolle Vormittagstunden.» Um eins, von Jakob gerufen, geht er durch die «Galerie», in der es ein Tannhäuser-Aquarell und sechs kolorierte Photographien nach Echters «Rheingold» gibt, ins Speisezimmer.

Am Ende der nicht allzu üppigen und kunstvoll zubereiteten Mahlzeit erscheinen die «Herrn Hunde». Im Salon, der mit Ölbildern geschmückt ist, gibt es Kaffee, Zeitungen und die Nachmittagspost. Nach kurzem Schlaf geht er spazieren, auf seinem Kopf ein drohender Wotanshut, in Begleitung von Russ und Koss, «Falstaff mit seinen Pagen». Bei schlechtem Wetter stöbert er in Luzerner Antiquariaten herum und ersteht die Erstausgabe von Schillers «Horen». Von fünf bis acht arbeitet er an der Partitur, nimmt dann ein leichtes Abendbrot und erhält den «Abendsegen» von Homer oder Shakespeare oder Winckelmann. Man kann die Tage von Tribschen auch so beschreiben.

Und weniger traulich. Wagner sagte oft: «Verweile doch ...», und verweilte dann nicht. Wahrscheinlich wurde er in keinem Jahrsechst seines Daseins (selbst nicht in den Jahren der Emigration) so sehr von Stürmen gepeitscht wie in dem Versteck am See. Es gibt keine Dokumente, die auszumachen erlauben, ob die Entstehung von «Meistersinger» und «Ring» ihm mehr oder weniger Qual bescherte als die Arbeit vorher und nachher, mehr oder weniger göttliche Stunden. Was hier vollendet wurde, ist bekannt – aber nicht, wie es vollendet wurde. Auch die bekenntnisfreudigsten Künstler sind sehr einsilbig in den Mitteilungen über das wechselnde Wetter in der abseitigen Werkstatt.

Um so mehr ist bekannt über die Orkane, die vor allem von München her in diese Stille einbrachen. Am Beginn der achtzehn Monate, die er in München durchlebt hatte, war die märchenhafte Einladung des jungen Herrschers gewesen. Am Ende bat ihn der gekrönte Herzensfreund, Bayern zu verlassen. Das war, nachdem das «Asyl» bei den Wesendoncks zerronnen war, die zweite Vertreibung aus dem Paradies – das eine Fata Morgana gewesen war; für Rastlose gibt es kein Eden.

Auszug aus dem Text *Geisterinsel Tribschen*, erschienen 1964 in der Zeitschrift «Merian». Der Philosoph und Schriftsteller Ludwig Marcuse promovierte mit einer Arbeit über Friedrich Nietzsche, den er zeitlebens gegen die vielfältigen modischen Vereinnahmungen (konkreter: der Nazis) zu verteidigen verstand. In dem Zusammenhang beschäftigte er sich auch ausführlich mit Richard Wagner. Russ und Koss waren die Hunde Wagners.

NIKLAUS MEIENBERG
1940–1993

Die Kapellbrücke:
Ein rentabler Brand in Luzern

Viele Luzerner, auch Luzernerinnen, verhalten sich so, als ob die Stadt nach dem partiellen Brand der netten Fussgängerpassage untergegangen wäre, und manche behaupten, es habe sich bei der Kapellbrücke um die schönste Holzbrücke Europas gehandelt. Das kommt davon, wenn man zu lange in Luzern lebt und die Brückenbaukunst des grossen appenzellischen Brückenbauers Grubenmann nie gesehen hat (18. Jahrhundert), und die Golden Gate Bridge ist ja auch nicht schlecht, leider nur nicht aus Holz. Dabei bietet der Wiederaufbau des Brückleins überhaupt keine technischen Schwierigkeiten, die Firma Holzbau Brauchli (Tel. 041 22 04 95) muss nur genügend Tannenholz auftreiben, Durchmesser 40 mal 40 Zentimeter, dazu etwas Eibenholz und etwas Eiche für den Bodenbelag, sagt ein leitender Handwerker. In sechs Monaten wird das Bauwerk wieder so aussehen, wie es von Illis Gehülfen fotografiert und in die ganze Welt geschickt worden ist, sodass man in der ganzen Welt draussen glaubte, Luzern bestehe hauptsächlich aus der Kapellbrücke. Die Pfeiler stehen noch, und Holz wächst genug im Kanton Luzern.

Die Brücke war übrigens 1968 schon einmal zur Gänze abgeräumt und neu aufgeholzt worden! Leider hat man bei dieser Gelegenheit das Deckholz, um es gegen Witterungseinflüsse zu schützen, mit Bienenwachs imprägniert, welches nicht unbedingt den besten Feuerschutz bietet, und im Innern hat man die Spinnenweben und die ebenfalls brennbaren, unzähligen, z. T. sehr grossen, zoologisch gesehen eher seltenen Spinnen nie entfernt (Luzern besitzt keinen Zoo). Das hat dann alles unverschämt schnell gebrannt nach 1 Uhr in der Nacht vom 19. August. Auch die Schindeln haben wacker gebrannt. Welchen Einfluss die jähe nächtliche Röte auf den Trauerschwan, den Höckerschwan, die Kolbenente, die Bahamaente, die Brautente usw. hatte, welche Vögel etwas oberhalb der verkohlten Brücke in einem lieblichen Gehege ihre Nester haben, während den Taucherlis und/oder Entlein, auch in der Reuss, alphüttenartige Unterschlüpfe gebaut worden waren, ist von den eingeborenen Zoologen noch nicht erforscht worden. Hingegen ist man sicher, dass einer der hervorragendsten Schweizer Journalisten, der sonst eher trocken und gar ein bisschen politisch schreibt, durch den Brand, dem er zufällig beiwohnte, zu einem lyrischen Aufschwung beflügelt wurde. Hugo Bütler, Kürzel bü., war zufällig Gast der Feuersbrunst, hat als Chefredaktor der NZZ bei irgendeiner Festivität in einem Reuss-Ufer-Hotel geweilt und dann geschrieben: «Feuer über dem Wasser, zwei Elemente, die sich eigentlich nicht vertragen. Aber dennoch muss man ohnmächtig zusehen, wie das Bauwerk, das in die Zeit vor Luzerns Beitritt zur Alten Eidgenossenschaft zurückgeht, mitten im Wasser der Vernichtung durch die Flammen anheimfällt.»

So viel Emotion hat er bei der Zerstörung von Sarajewo, bei der Beschreibung der südafrikanischen Unruhen, beim Morden in Mogadiscio nie gefunden, als er dort seine immerhin auf eine andere Art auch wieder ergreifenden Reportagen schrieb. Er wird aber an Emotivität noch übertroffen von den luzernischen Leuchtenstadt-Zeitungen, welche den Brand so beschreiben, z. T. mit Spezialausgaben, als ob der bosnische Krieg auch Luzern heimgesucht hätte.

Auszug aus der Reportage *Die Kapellbrücke: Ein rentabler Brand in Luzern*, erschienen am 22. August 1993 als Artikel in der «Sonntagszeitung». Als Reaktion auf die Reportage findet man im Schweizerischen Literaturarchiv zehn Leserinnen- bzw. Leserbriefe (siehe unter: http://ead.nb.admin.ch/html/meienberg_B.html#B-4-e/02). Die Reportage war Meienbergs letzte; einen Monat später schied der Schriftsteller freiwillig aus dem Leben. Kurt H. Illi war von 1978-2000 Verkehrsdirektor der Stadt Luzern.

Brand der Kapellbrücke am 22. August 1993

GERHARD MEIER
1917–2008

Klänge, die als Robe umfangen

«Nach Luzern bin ich eigentlich selten gekommen, obschon ich dann und wann Heimweh danach hatte. Vor allem nach Tribschen, wo ich unter Wagnerschen Klängen, die mich gleichsam als Robe umfingen, den Vitrinen nachzugehen pflegte, den Instrumenten, Porträts. Gelegentlich stellte ich mich an ein Fenster und schaute auf den See oder den Park hinaus», sagte Baur. Er nahm die Hände unter dem Kopf hervor und strich die Bettdecke glatt.

Blick auf Tribschen

Ausschnitt aus dem Roman *Die Ballade vom Schneien,* veröffentlicht 1985. Gerhard Meier lebte sein Leben lang in Niederbipp.

E. Y. MEYER
* 1946

Von der Sonnmatt in die Stadt

Auf der grossen Durchgangsstrasse, die mehr oder weniger parallel zum Seeufer verlief und Haldenstrasse hiess, ging Berger an einer verlassenen Concours-Hippique-Anlage entlang, die sich auf dem Gelände bis zum See erstreckte. Aus dem durchnässten und zum Teil von braunen Erdflecken und Pfützen durchsetzten Rasen erhoben sich vom Regen nassglänzende weisse Hindernisse, und am Ende der Anlage stand eine leere, überdachte Holztribüne mit verschiedenfarbig bemalten, ebenfalls nassen, aber matt erscheinenden Reklameflächen. Vor der grauen Seefläche ragten einige kahle Pappeln in die Höhe.

***

Am Ende des Platzes bog Berger ab und erreichte über einen schmalen Weg, der zwischen der Tribüne und einem Tennisplatz hindurchführte, den breit angelegten, von Kastanienbäumen gesäumten Quai, eine Allee, die dem Seeufer entlang in die Stadt hineinführte und zuerst Carl Spitteler-, dann National- und zuletzt Schweizerhofquai hiess. Auf der landeinwärts gerichteten Seite lösten nach einer Grünanlage mächtige Hotelkomplexe einander ab, von denen Berger einen als klassizistischen Stil und zumindest einen der anderen als im Stil der Renaissance-Paläste erbaut zu erkennen glaubte.

***

Vom Quai aus sah Berger auf die an der Bucht stehende Häuserreihe der Stadt mit den Türmen der Jesuitenkirche und auf die sich dahinter erhebenden bewaldeten Anhöhen mit dem als Aussichtspunkt berühmten schlossartigen weissen Hotel-Restaurant «Château Gütsch», das mit seinem Türmchen, wie er sich überlegte, wahrscheinlich aus der Zeit der Nachahmung historischer Stile in der zweiten Hälfte des neunzehnten Jahrhunderts stammte.

***

Am PALACE, am KURSAAL-CASINO, am NATIONAL, am langgezogenen Kurplatz und am SCHWEIZERHOF vorbei, erreichte Berger den Schwanenplatz, hinter dem die Altstadt begann und der auch eine der Stationen des hauseigenen Autodienstes von Sonnmatt bildete, und über die Seebrücke, welche die wichtigste Verbindung der beiden Reussufer darstellte und den Fluss gleich bei seinem Ausfluss aus dem See überquerte, gelangte er zum Bahnhofplatz – eine wichtige Haltestelle der Verkehrsbetriebe der Stadt mit mehreren gedeckten und ungedeckten Bus-Perrons, einer Grünanlage mit einem fontänenreichen Springbrunnen und den Schiffslandebrücken am See.

***

Nachdem er an einer der automatischen Fahrkartenausgabestellen eine Fahrkarte gelöst hatte, bestieg Berger den Bus Nummer sieben der Linie Geissenstein-Biregghof, der zunächst durch die Innenstadt und dann in Richtung des linken Seeufers fuhr, und während er zum Fenster hinausschaute, glaubte er zwischen den Häusern und Bäumen hindurch auf der anderen Seeseite kurz Sonnmatt zu sehen. Als das Schild auftauchte, das den Weg zum *Richard Wagner-Museum* wies, dachte er wieder daran, dieses um der Kuriosität willen einmal zu besuchen. Dann bog der Bus ab, fuhr, sich vom See entfernend, einen Hang hinauf und begann sich allmählich zu leeren, und als er die Haltestelle Bodenhofterrasse erreicht hatte, die sich fast auf der Höhe des Hügels befand, stieg auch Berger aus.

***

Im Inselipark, einer kleinen, in den See hineinragenden Landzunge beim Bahnhof, setzte sich Berger auf eine Bank, um sich von dem Rundgang etwas auszuruhen. An den Landungsbrücken, an denen er vorbeigekommen war, hatte er ein Motoschiff mit dem Namen *Gotthard* gesehen, an dessen Bug eine allegorische Darstellung des Föhns prangte, die vom Stil her nur von dem auch international bekannten Luzerner Künstler Hans Erni stammen konnte, der gegenwärtig als *der* inoffizielle, im Grunde aber wohl auch offizielle Schweizer Staatskünstler galt, den man fast immer mit den Arbeiten beauftragte, die irgend etwas mit dem nationalen Ansehen zu tun hatten. Er, Berger, konnte mit dessen immer mehr routinemässigen, an Kunstgewerbe mit zu hohem künstlerischen Anspruch mahnenden Werken aber immer weniger anfangen.

An der Strasse, die hinter dem Park durchführte, endeten die Schienenstränge der Kopfbahnhofsanlage, und Berger erinnerte sich, wie ihm Doktor Santschi auf eine Frage erzählt hatte, was mit dem teilweise abgebrannten Bahnhof geschehen sollte: Die offiziellen Planer wollten die Reste des alten Bahnhofes, der auf einem Rost von fast viertausend Pfählen ruhte, sich also auf Boden befand, der künstlich abgesichert werden musste, abreissen lassen, um Platz für einen neuen, vergrösserten Bahnhof zu schaffen, der mit einem Kongresszentrum, Banken, Büros, Parkhäusern und einem PTT-Grossbetriebszentrum gekoppelt werden sollte. Dessen Keller sollte dann für den Bahnhof der projektierten Trans-Europa-Linie bestimmt sein, auf der internationale Züge mit zweihundert Stundenkilometern durch die Schweiz brausen sollten, mit Halt nur in Basel, Luzern und Lugano, wobei der Ein- und Ausgang zu diesem unterirdischen Luzerner Durchgangsbahnhof ein Seetunnel sein würde.

Ausschnitt mit Auslassungen aus dem Roman *Die Rückfahrt* von 1977. Peter Meyer lebt seit 1974 als freier Schriftsteller unter dem Namen E. Y. Meyer in Bern. In einem Gespräch mit Beatrice von Matt ist nachzulesen, dass er sich die beschriebenen Orte in Luzern «alle genau angesehen und nach Anschauung beschrieben» habe.

KUNO MÜLLER
1896–1970

Der Luzerner als Kind seiner Landschaft

Seit 600 Jahren nimmt Luzern teil an den Geschicken der Eidgenossenschaft, aber die Eidgenossenschaft war bis 1848 ein Staatenbund, der seinen Gliedern politische Freiheit und kulturelle Selbständigkeit liess. Diese Selbständigkeit wurde ängstlich gehütet. Heute noch unterscheiden sich daher die Angehörigen verschiedener Orte in einer Weise voneinander, wie selten irgendwo auf so kleinem Raum. Zwar gibt es allgemeinschweizerische Züge. Die eigenartige Geschichte der Schweiz, die früh auf eigenes Wachsen verzichtete, sich von fremden Händeln fernhielt und nur in der Verteidigung zum Schwert griff, gab zum Beispiel dem Schweizer eine äussere Zurückhaltung, die ihre Entlastung fand in der ungebärdigen Freiheit und der Unduldsamkeit gegen äussere Einmischungen.

Inmitten dieser Schweiz, die verzichtend und freiheitsliebend zugleich ist, liegt Luzern. Mehr noch als andere eidgenössische Orte trägt es den Charakter des Neutralen und Friedfertigen an sich. Luzern war nur ein paar Jahrzehnte Grenzstadt der vierörtigen Eidgenossenschaft am See, dann umschlossen es verbündete Orte, und um diesen Ring von Bundesgenossen lagerten sich bald neue Freunde, so dass erst hinter Rhein, Alpen und Jura Völker wohnten, die uns feindlich werden konnten. Der Charakter und das Bewusstsein des Luzerners waren also von Anfang an eingestellt auf Ruhe und Frieden.

Von der Aussenwelt war Luzern deshalb nicht ausgeschlossen. Im Gegenteil. Es wurde Durchzugsland, Umschlagplatz, Herberge und Karawanserei von Anbeginn. Schon in der Zeit der Schlacht bei Sempach sind einflussreiche Luzerner Gastwirte und Fernhändler. Die Beziehungen, die so geschaffen wurden, waren freundliche, gesellige und verdienstbringende. Sie eröffneten zwar dem Luzerner nicht Ausblicke und Sehnsüchte nach der Ferne. Luzern lag nicht am Meer, das die Küstenbewohner zur Ausfahrt und zum Abenteuer lockt. Luzern konnte inmitten seiner Täler, an seinem lieblichen See verweilen und geduldig warten, bis die Fremden kamen und ihren Tribut entrichteten. Ein bescheidenes, kleinbürgerliches Arkadien entstand, das immerhin in seiner Weise auf Goethes Formel Anspruch hatte:

«Hier ist das Wohlbehagen erblich,
Die Wange heiter wie der Mund.»

Der Handel, der ein Gewerbe entstehen liess, gab das Übergewicht frühzeitig der Stadt. Die Stadt war es, die in den Bund der Eidgenossen trat; die Stadt war es, die die Herrschaft über die ländlichen Teile des Kantons an sich zog und für einige Jahrhunderte Inbegriff und Ausdruck luzernischen Wesens blieb.

Wenn wir vorerst im allgemeinen vom Luzerner sprechen, so geschieht das mit Vorbehalt. Wir treten sozusagen von aussen an ihn heran und sehen ihn mit den Augen des Ortsfremden. Dabei lenkt naturgemäss der Stadtluzerner den ersten Blick auf sich, und was Allgemeines über den Luzerner gesagt wird, gilt zunächst vom Städter.

Von aussen betrachtet ist der Luzerner dem Nachbar als bestimmter Typ erkenntlich. Die Länder sehen in ihm den ersten Städter, auf den sie stossen, und die Städter, die zu uns kommen, spüren in uns den Einfluss und die Nähe des Länders. Viele spüren zudem in der Atmosphäre Luzerns noch etwas Fremdes und Besonderes, das sie als südländisch und italienisch empfinden. Niemand hat das schöner gesagt, als Fridolin Hofer:

Über See und schneeige Gipfel,
Villen, Gärten und heiligen Hain
schimmert in Gold getrieben ein Zipfel
südlichen Himmeldaches herein.

Stiegen lombardische Meister herunter,
Rathaus und luftige Hallen zu bau'n?
Wird die Fassade sich schmücken in bunter
Zeichnung mit Vasen, Girlanden und Frau'n?

Flimmernd seh ich zwei Länder sich einen
und der Alpen türmende Wand
will mir nur wie ein Schlagbaum erscheinen
zwischen Norden und südlichem Land.

Nicht nur der Dichter sieht Luzern so. Schon ein Gesandter Ludwigs XIV. kennzeichnete die Stadt:

«Der Geist der Herren von Luzern hat viel vom italienischen Geist, denn die meisten machen ihre Studien in Italien. Sie verbinden damit die Härte und Wildheit jener Kantone, mit denen sie am meisten Umgang haben, der Länder.»

Dieses italienische Wesen, das der Gotthardverkehr, die Studien in Italien, die Residenz der päpstlichen Nuntien mit ihrem Stab und die Zuwanderung italienischer Geschlechter durchaus verständlich machten, hatte stets einen grossen natürlichen Bundesgenossen in einem Herrn, der von alters über Luzern mächtig war und sein Wesen beeinflusste, dem bergeversetzenden Föhn. Man muss nicht nervenschwach und nicht verliebt sein, um seine Macht zu kennen. Seine lähmende, erschlaffende Wirkung ist so eindrücklich, dass Würdenträger des Bundes schon behaupteten, man dürfe nie eine eidgenössische Behörde nach Luzern verpflanzen, weil die Nichteingeborenen ein Viertel des Jahres durch den Föhn arbeitsunfähig würden. Der Föhn öffnet mit gewaltsamer Hand die Schleusen des Himmels und ergiesst breite Ströme südlicher Luft über uns. Er rückt uns die Berge näher, er täuscht unsere nüchternen Augen, er reizt uns auf, aber er lässt uns die Arbeit vergessen und die wohlige Ermattung, die er uns gibt, ist dem Geniesser gemässer, als dem Schaffer. Er verjagt den Schnee, verkürzt den Winter, bringt den Frühling und die Fastnacht. Seine Wirkung, die in den Bergtälern Uris gefahrbringend und brandstifterisch ist, wird bei uns milde und schmeichelnd. Er verebbt langsam draussen im Lande und hört ungefähr dort auf, wo die Grenze des Kantons sich gegen rüstigere Nachbarn schliesst.

Erinnern die Anmut der Buchten, das helle Leuchten der Häuser, die schlanken Schatten dunkler, zypressengleicher Gartenbäume an südliche Gestade, so geben sie der Gestalt des Landes zugleich etwas Weiches, Weibliches. Immer wieder sprechen Reiseberichte über Luzern in Beiwörtern, die das Frauliche der Landschaft betonen; vom Busen des Sees, den umarmenden Ufern, den weich hingelagerten Hügeln. Muss eine solche Landschaft nicht geruhsame, zufriedene Menschen hervorbringen, deren Charakter, Moral und Gesinnung etwas von dieser Weichheit übernehmen?

Anfang des Essays *Der Luzerner als Kind seiner Landschaft,* erstmals erschienen im «Innerschweizerischen Jahrbuch für Heimatkunde», 1939. Der Schriftsteller Kuno Müller lebte in Luzern.

ANTON MÜLLER-ERMENSEE
1922–2001

Das Gespenst in der Luzerner Neustadt

Seit dem Beginn des Jahrhunderts schwappte auch Luzern über die alten Grenzen hinaus. Im Süden der Pilatusstrasse entstand eine ausgedehnte Neustadt mit schachbrettartig hingebauten Wohn- und Geschäftsblöcken. Hinter der Fassade eines dieser eher monotonen Architekturvierecke mit obligatem lichtlosen Hinterhof geschah in den dreissiger Jahren eine grausige Spuk- und Gespenstergeschichte.

Anfangs Jahr, an einem Sonntagabend, war um Mitternacht ein biederer Handwerksmann in sein Haus heimgekehrt und hatte die Haustüre wie immer hinter sich sorgfältig verschlossen. Hausbewohner fanden ihn später im Hausgang tot in einer Blutlache liegen. Der Befund lautete auf Schlaganfall. Hausbewohner munkelten, er sei über das Stiegengeländer hinausgestossen worden.

Drei Jahre und einige Monate nach dem Vorfall zog eine junge Familie mit zwei Töchtern in die ehemalige Wohnung des Toten. Alles ging seinen friedlichen Gang, bis eines Nachts das jüngere der Mädchen jäh erwachte. An seinem Bett stand ein alter Mann mit weissen Haaren und starrte ihm ins Gesicht. Das Kind schrie entsetzt auf, die Mutter eilte ins Zimmer, sah aber nichts als ihre in Schweiss gebadete Kleine. Das Gespenst kam nun fast jeden Monat, und im Jahr darauf fing es auch im Zimmer der älteren Tochter an.

Es war etwa um zwei Uhr in der Nacht, als das Mädchen, jetzt zwölf Jahre alt, aufwachte. Vor ihr stand der Mann mit den weissen Haaren. Das Mädchen schrie, die Mutter rannte vom Korridor her hinzu, da schwebte ihr aus dem Zimmer des Mädchens eine grauweisse Wolke entgegen. Die Mutter warf wütend ihre Arme dagegen, stürmte vorbei ins Zimmer und spürte, dass aus der Wolke eine eisige Kälte kam. Selbst die Katze der Familie hatte den Spuk wahrgenommen. Einmal am Mittag sei sie erstarrt und mit gesträubtem Fell dagestanden und habe mit angsterregten Augen ein unsichtbares Wesen verfolgt, das sich von der Wohnzimmertür zum Fenster hin und her bewegte.

Die vom Gespenst lange geplagte Familie war unterdessen in eine Wohnung in der Nähe umgezogen. Da geschah es eines Tages, dass im Gespensterhaus eine alte Frau gestorben war, sichtlich verwandt mit dem lang verstorbenen Handwerksmann. Die langjährigen Mitbewohner wurden eingeladen, die dort aufgebahrte Leiche zu besuchen. Als die jüngere Tochter das Totenzimmer betrag, blickte sie wie gebannt auf ein Porträt an der Wand. Es war das Bild des Mannes, der ihr während vier Jahren als Gespenst begegnet war, den sie aber nie lebend gesehen hatte. Es war der lang verstorbene Handwerksmann.

Bei einem Ausflug nach Einsiedeln kaufte die vielgeprüfte Familie eine geweihte Kerze. Man zündete sie abends im Büro neben der Wohnung an. In der Nacht gab es einen heftigen Knall, den man weiterum hörte. Die Tür zum Büro, das immer sorgfältig abgeschlossen war, stand angelweit offen. Die Kerze war verschwunden. Das Gespenst hat sich seither nie mehr gezeigt.

Anton Müller-Ermensee (eigentlich: Anton Elmar Müller) sammelte und bearbeitete Sagen. Die ausgewählte wurde 1994 veröffentlicht in: *Sagenhaftes aus der Stadt Luzern und dem Pilatusgebiet.*

DÉO NAMUJIMBO
* 1959

Luzern und die Schweiz Afrikas

Im November 2010 habe ich fast die ganze Schweiz bereist, muss aber eingestehen, dass meine Erwartungen noch nicht ganz erfüllt sind: Ich hatte Genf und Lausanne bereits zweimal besucht, ich habe Lugano entdeckt, Zürich und Vallorbe, dennoch fehlt mir immer noch etwas. Innerlich empfinde ich es als Ungerechtigkeit, dass ich bisher nicht die Gelegenheit und das Vergnügen hatte, einige Tage in Luzern zu verbringen. Manche werden sich fragen, woher meine Frustration und meine Ungeduld stammen. Ich kann diese Frage, die ich mir oft selber stelle, nicht präzise beantworten. Vielleicht liegt der Grund darin, dass viele mir erzählt haben, dass Luzern und seine Umgebung meiner Heimatprovinz Kivu, im Osten der Demokratischen Republik Kongo, dem ehemaligen Zaire, gelegen, erstaunlich ähnlich sieht. Natürlich sind die 77'000 Einwohner dieser Region nicht vergleichbar mit den Millionen von Personen meiner Heimatregion, aber man braucht bloss den wunderschönen Vierwaldstättersee zu betrachten, um an seinen Doppelgänger erinnert zu werden, den Kivusee, von manchen Geographen auch als See aller Seen bezeichnet. Die Schweizer Alpen, zu deren Füssen der Kanton Luzern liegt, sind die Zwillingsbrüder der Berge bei uns, an beiden Seiten der Reuss entlang reihen sich Dörfer und Städte aneinander, genau wie sie es in meiner Gegend entlang dem Fluss Ruzizi tun. Schade, dass es bei uns keine Brücke gibt, die vergleichbar wäre mit der eigentlich unvergleichlichen Kapellbrücke, genauso wie die Halbinsel Ubwari auch nicht der schönen und reichen Enklave Nidwaldens am Fusse des Bürgenstock gleicht, welcher wiederum dem paradiesisch anmutenden Nationalpark von Kahuzi Biéga zum Verwechseln ähnlich sieht. Aber ich lasse die Hoffnung nicht fallen, eines Tages «Luzern sehen und sterben» zu können. Und im Übrigen fällt mir jetzt wieder ein: Wurde Kivu nicht im Volksmund – und völlig zu Recht – mit dem Übernamen «die Schweiz Afrikas» bezeichnet? Also, ich verspreche, dass wir uns bald einmal an der Brüstung der Spreuerbrücke oder jener der Kapellbrücke treffen, oder wir gehen den Luzerner Löwen bewundern, oder wir finden uns in der wunderbaren Jesuitenkirche, dem unbestreitbaren Meisterwerk des Barock wieder. Entschuldige mich, ich habe eine Träne im Auge. Luzern, ich liebe Dich, ohne Dich zu kennen. Aber das wird nicht mehr lange auf sich warten lassen, versprochen, Déo.

Das Löwendenkmal heute

Déo Namujimbo ist freier Journalist und Schriftsteller; er musste aus seinem Heimatland Kongo-Kinshasa aus politischen Gründen fliehen. Er lebt heute in Paris. Der vorliegende Text wurde als einziger speziell für *Luzern, Luzern ...* verfasst und von Katharina Meyer aus dem Französischen übersetzt.

KONRAD NEUMANN
1836–1915

Der Eggbub erlebt den Sonderbundskrieg

Da läutete eines Tages wieder die Sturmglocke, auf den Strassen ertönte der Generalmarsch, von den Höhen krachten Kanonenschüsse. Wie wild stürzten die Leute aus den Häusern, vorab waren natürlich die Buben auf den Socken. Nazi und Andres begegneten einander Nase an Nase. «Die Ei-ei-eid-ge-ge-no-no-nossen kommen», stotterte der Nazi. Der Andresel, manchmal bloss Resel oder einfach bloss Esel genannt, lachte ob dem Stottern laut auf und sagte: «Komm, wir wollen ihnen entgegen gehen.» Die Freunde liefen miteinander in die Weggisgasse; aber da war es schwierig, vorwärts zu kommen. Die Gasse war ganz voll von Bewaffneten aller Art. Alle drängten vorwärts, dem Innern der Stadt zu, als wären ihnen die Feinde auf dem Fuss nach. Da und dort trabten Pferde heran, manches ohne Reiter, andere waren an mit Stroh gefüllte Wagen, in welchen Tote und Verwundete lagen, gespannt. Es wurde den Buben ganz unheimlich; sie flüchteten eiligst in das Haus eines Kameraden in der gleichen Gasse und schauten da zum Fenster hinaus dem tollen Treiben und Jagen unten auf der Strasse zu. Schlag auf Schlag kam bald die, bald jene Nachricht vom Kriegsschauplatz. «Die Eidgenossen sind geschlagen, Tausende derselben liegen tot oder verwundet auf dem Schlachtfeld, die Gefangenen zählen nach Tausenden.» «Das Gegenteil ist wahr», hiess es bald darauf. «Die Sonderbündler ziehen sich zurück, ihre Führer haben den Kopf verloren und wissen nicht mehr, wo aus und ein. In Ebikon wollen sie sich wieder stellen. Jetzt geht es erst recht los.»

Da erschienen mitten in dem Zug der Leute Kanonen, die keine Lafetten mehr hatten und auf Karren geladen waren. Endlich kamen ganze Scharen Soldaten aller Waffengattungen bunt durcheinander. Das waren die sichern Zeichen der Niederlage und der Flucht. Mittlerweile war es Abend geworden. Auch Andres dachte an den Rückzug. Tief ergriffen von allem, was er gesehen hatte, wollte er heim, um es seiner Mutter zu berichten. Da begegnete ihm sein Lehrer, welcher vor Aufregung fast ausser sich war. Er packte den Andres beim Kragen und fuhr mit ihm fort wie der Teufel mit einer Seele. Der Weg führte zu einer steilen Stiege. Da hielt der Lehrer an und sagte: «Du, Andres, dir will ich mal zeigen, was Krieg heisst, dein Leben lang sollst du es nie vergessen.» Nach diesen Worten setzte er den Weg fort nach dem Wachturm der Musegg hinan. Oben in der Wachtstube angelangt, kletterte er zum Fensterlein hinauf, welches nach Osten zeigte, schaute lange stumm und still vor sich hin und liess sich endlich wieder hinunter, indem er ausrief: «Es ist schrecklich.» Dann packte er den Andres bei den Lenden und hob ihn in die Höhe zum Fensterchen hinaus. «Jesus und Maria», schrie der Bube bei dem grässlichen Anblick, der sich ihm darbot. Der Himmel war ganz gerötet. Der Rooterberg schien zu brennen. Häuser und Scheunen standen in Flammen und leuchteten schaurig ins Land hinaus. Nachdem der Bube das fürchterliche Schauspiel eine kleine Weile angesehen hatte, nahm ihn sein Lehrer vom Fensterchen herunter und schickte ihn nach Hause, wo er zitternd seiner Mutter erzählte, was er gesehen hatte. «Ja», sagte diese zu Andres, «es sind schreckliche Zeiten, sie sind gottlob vorbei und werden hoffentlich nie mehr kommen.»

Der Wachtturm in der Museggmauer

Ausschnitt aus dem autobiographischen Jugendroman *Andres. Ein Eggbube der Vierzigerjahre*. Veröffentlicht 1917 (posthum). Konrad Neumann war von 1862–1906 Professor für Französisch an der Höheren Lehranstalt des Kantons Luzern. Aufgewachsen ist er «Unter der Egg» in Luzern. Der Sonderbund war ein Verteidigungsbündnis der sieben katholischen Schweizer Kantone Luzern, Uri, Schwyz, Unterwalden, Zug, Freiburg und Wallis und bestand von 1845 bis 1847. Ziel des Bündnisses war die Wahrung der Interessen der katholisch, ländlich, konservativ und föderalistisch geprägten Kantone gegen den zunehmenden Einfluss der städtischen, protestantischen und liberalen Kräfte, die eine stärkere Einheit des Staatenbundes Schweiz anstrebten. Sobald die Existenz und der Inhalt des anfangs geheimgehaltenen Bündnisses bekannt wurden, beantragte Zürich bei der Tagsatzung, den Sonderbund gemäss Bundesvertrag für aufgelöst zu erklären. Die sieben Sonderbundskantone hofften aber auf militärische Unterstützung aus dem ebenfalls konservativ gesinnten Österreich und liessen den Konflikt eskalieren. Deshalb entschied sich die Tagsatzung zu Bern zur Anwendung von Waffengewalt. Der Sonderbundskrieg von 1847 endete mit der Niederlage der konservativen Kantone und der Auflösung des Sonderbundes.

FRIEDRICH NIETZSCHE
1844–1900

Freund und Nachbar in Luzern

Von äusserster Wichtigkeit ist aber, dass ich ja den ersehntesten Freund und Nachbar in Luzern habe, zwar nicht nahe genug, aber doch immer nur so weit, dass jeder freie Tag zu einer Zusammenkunft benutzt werden kann. Dies ist Richard Wagner, der als Mensch durchaus von gleicher Grösse und Singularität ist, wie als Künstler. Mit ihm und der genialen Frau von Bülow (Tochter Liszt's) zusammen habe ich nun schon mehrere glückliche Tage verlebt, z. B. die letzten wieder, Sonnabend und Sonntag. Wagner's Villa, am Vierwaldstätter See gelegen, am Fusse des Pilatus, in einer bezaubernden See- und Gebirgseinsamkeit, ist wie Du Dir denken kannst, vortrefflich eingerichtet: Wir leben dort zusammen in der angeregtesten Unterhaltung, im liebenswürdigsten Familienkreise und ganz entrückt von der gewöhnlichen gesellschaftlichen Trivialität. Dies ist für mich ein grosser Fund.

Ausschnitt aus einem Brief an die Mutter Franziska Nietzsche (datiert: Basel, Mitte Juni 1869). Friedrich Nietzsche besuchte Richard Wagner in Luzern insgesamt über zwanzig Mal.

Der kranke Nietzsche mit seiner Mutter Franziska

BEAT PORTMANN
* 1976

Die Busfahrt in die Stadt

Ich stand im überfüllten Bus. Es stank nach Mensch. Der Schweiss rann mir übers Gesicht. Ich versuchte flach zu atmen und dachte an Rosalia, während das plumpe Gefährt Emmenbrücke verliess. Was sie mir wohl angeboten hätte, wenn ich noch auf ihr Zimmer gegangen wäre. Bier, Mineral – oder ihre Liebesdienste?

Je näher wir dem Bahnhof kamen, desto geringer wurde der Ausländeranteil an den Passagieren. Ich stieg um. Im Bus Richtung Kastanienbaum war ich dann gänzlich in der Schweiz angekommen. Das lauteste Geräusch verursachte eine dicke Schmeissfliege, die gegen die Fensterscheiben anstürmte.

Brechbühl wohnte in einer stattlichen Villa mit Seeanstoss, einem Park mit Lusthäuschen, alten Bäumen und einer Doppelgarage, die an das Hauptgebäude angebaut war. Das Haus selbst war von eher biederer Bauart, protzig und klotzig und ein wenig nostalgisch. Ganz alles liess sich nicht auf den Architekten abschieben – für die goldenen Türklinken war allein mein Verleger verantwortlich.

Brechbühl empfing mich mit schmerzhaftem Händedruck und führte mich auf den beschatteten Balkon im ersten Stock. Wir machten es uns auf den weissen Liegestühlen bequem, die mit blau-weiss gestreiften Kissen gepolstert waren. Er bot mir einen Aperitif an; ich bestand auf Leitungswasser.

Ich betrachtete die Aussicht: die mächtigen Bäume des Parks, der glitzernde Wasserstreifen, das jenseitige Ufer am Fuss sanfter Hügelketten – kontrastiert von einem wolkenlosen Sommerhimmel. Es wirkte, als hätte jemand ein Bild aus dem Fremdenverkehrsprospekt vergrössert und es vor die Wirklichkeit gehängt. Ich versuchte es mit Zigarettenrauch ein wenig zu trüben. Vergeblich. Vom Nachbargrundstück winkte das Rot-Weiss einer im Wind flatternden Fahne. Ein Raddampfer flötete und zog gleichmässig auf dem Wasserspiegel dahin. Ich hatte nie verstanden, wie man es an so einem Ort aushalten konnte.

Mein Verleger schwatzte und machte sich zwei Linien auf einem goldgefassten Spiegelchen zurecht. Er war gutgelaunt und war es erst recht, nachdem er sich das weisse Pulver mit einem Röhrchen – vergoldet auch das – unter den Rotz gemischt hatte. Ich war überzeugt, dass er das Zeug nur nahm, um das Leben im Bonzenghetto ertragen zu können.

Wenn ich mich recht erinnere, berichtete er von einer Segelfahrt mit Freunden. Sie mussten einige Tage irgendwo in der Karibik verplempert haben. Ich war höflich und mimte Interesse. Wobei es keine Rolle gespielt hätte, wäre ich unhöflich gewesen. Brechbühl liess sich ohnehin nicht vom Plappern abhalten, wenn er einmal damit begonnen hatte. Anderseits konnte es mich nicht daran hindern, meinen eigenen Gedanken nachzuhängen.

Als uns Dorothea zum Essen rief, liess ich mir gerade wortreich das Segeln am Wind – irgendwas mit Anluven – erklären, während ich mich fragte, ob dem Schweizer Demokraten der Mord zuzutrauen war. Sein Motiv: Rache. Er war von Slavković Anwesenheit der Tänzerinnen gedemütigt worden. Hinzu kam, was Rosalia erzählt hatte: die Behauptung der Tänzerinnen, er habe abartige Wünsche. Abartige Wünsche ... Das konnte bedeuten, dass er pervers veranlagt war. Und einem Perversen war ja durchaus zuzutrauen, dass er die Leiche seines Feindes verstümmelt und den Kopf als Zeichen des Triumphes aufspiesst. Das passte alles zusammen. Bis auf die Briefe. Sie fanden in diesen Überlegungen keinen Platz.

***

Sobald ich den Scheck in der Tasche und die Schuldigkeit des dankbaren Gastes getan hatte, brach ich auf. Ich fuhr in die Stadt zurück und stieg bei der Kantonalbank auf den Zweier um. Mit jedem Ausländer, der den Bus betrat, wuchs die Gewissheit, dass die Distanz, die zwischen dem Fremdenverkehrsprospekt und der Wirklichkeit lag, stetig grösser wurde. Nachdem wir den Seetalplatz passiert hatten, stieg ich aus. Ich machte einen Abstecher zur Emme und liess den Anblick der Industrie auf mich wirken. Allmählich stellte sich das Bewusstsein wieder ein, ein realer Mensch in einer realen Welt zu sein.

Auch ein Teil der Aussicht: das Stromnetzwerk der VBL

Auszug mit Auslassung aus dem Roman *Durst*, erschienen 2008. Beat Portmann, in Luzern geboren, lebt als freier Autor und Singer / Songwriter in Luzern. Blau-weiss sind die Farben des Stadtwappens von Luzern.

KUNO RAEBER
1922–1992

Eine merkwürdige Gesellschaft

Wir waren nach dem Psalter im Gerlisberg noch miteinander in der Dietschiberg-Wirtschaft. Wir, das heisst, die zwei Fräulein Marie und Antoinette vom Musegghof, dazu Josef, der alte Kerl, meine Mutter, die beiden Tanten, Thomas und ich. Es war nur merkwürdig, wie unsere Familie fertigbringt, sich unter sich selber zu benehmen. Da sassen die Damen in alten und oft schäbigen Kleidern um den Holztisch, bei Milch, Brot und Käse und hörten der Frau Liefert zu, wie sie ganz gewöhnlich klatschte, die Hände zusammenschlug und mit dem Kopf wackelte.

Am Tisch nebenan assen Soldaten ihren Mais, gegenüber jausten der Wirt und ein paar Gäste und inmitten waren wir so, so, nicht anders. Der Herr Josef bezahlte dann für alle. Es kostete etwa zehn Franken. Er aber besitzt viele Häuser, Land und Höfe. Wir sind schon eine merkwürdige Gesellschaft: Damen, die nie zum Friseur gehen, die sich nach der Mode von vor zwanzig Jahren kleiden und dennoch vornehm sein sollen und es auch irgendwie sind. Denn, so denken sie, wir stehen so sicher im Unseren, dass wir nicht nötig haben, es nach aussen zu beweisen. Jeder weiss es ja. Und so dürfen wir uns vieles erlauben.

Auszug aus dem Tagebuch vom Februar 1943, posthum veröffentlicht 2010. Der Schriftsteller Kuno Raeber, Spross einer alteingesessenen Luzerner Buchhändlerfamilie, verbrachte seine Kindheit in Luzern. Gerlisberg ist ein Kapuzinerinnenkloster bei Luzern.

GONZAGUE DE REYNOLD
1880–1970

Die Gedanken Luzerns

In unsern grossen Städten – denn Luzern ist für die Schweiz schon eine grosse Stadt – darf man nie aufs Geratewohl spazieren gehen wie in einem kleinen Nest. Wir suchen eine Gesamtschau, nicht Einzelheiten; wir suchen eher einen Gedanken als Andenken. Was für einen Gedanken gibt uns nun Luzern, das wirkliche, alte, unwandelbare Luzern, zur Stärkung unseres eidgenössischen Geistes?

Vergleichen wir den Plan der heutigen Stadt mit jenem, den der Bündner Martin Martini, der Städteliebhaber, 1597 gestochen hat:

Luzern ist schmal und ganz in die Länge gezogen. Die Reuss grün, der See blau; der Hügel des Gütsch rund und mit Tannen bestanden; die Hänge der Musegg und des Wesemlin, erste Staffeln, über die man in die gestufte und bewaldete Hügellandschaft emporsteigt. Land und Wasser haben der Stadt nicht viel Raum gelassen. Von jenem liegenden Stamm aus, dem sie zu Beginn des vierzehnten Jahrhunderts glich, sind drei Äste gewachsen: im Tal der Reuss, an der Zürcherstrasse zwischen Musegg und Wesemlin, am Seeufer. Dann ist ein Viertel entstanden auf dem flachen Feld zwischen Gütsch und See. So hat die Natur Luzern recht weite Grenzen gelassen, um eine starke Stadt, eine Standeshauptstadt zu werden, aber unüberschreitbare genug, um zu verhindern, dass es als Industriestadt etwa wie Zürich masslos anschwoll und die Umgebung verdarb. Trotz seinen Anstrengungen, trotz seinen «Hotels und Attraktionen» für die Fremden ist Luzern gut bürgerlich geblieben an der Schwelle eines grossen Bauernkantons – Luzern ist schweizerisch, altschweizerisch.

Um ein Volk, eine Stadt kennenzulernen, muss man in ihr leben, in ihre Geschichte eindringen, und als Gesichtspunkt den schönsten Augenblick wählen: jenen Zeitpunkt, da die erdgebundenen Kräfte und die geistigen Ströme ihren Höhepunkt erreicht haben und sich mit dem Feuer der Jugend und der Kraft der Reife in einem grossen,

Kapellbrücke mit Wasserturm

gemeinsamen Werk vereinen. Luzern aber hat seinen grossen Augenblick im 16. Jahrhundert nach der Reformation gehabt. Es ist jene Zeit, da die zunächst von der Glaubensspaltung überraschten katholischen Orte einen Anlauf nehmen, die Ketzerei an den Toren von Freiburg und vor dem Kloster zu Kappel aufhalten, ihrerseits zum Angriff ansetzen und einen Teil des verlorenen Gebietes wiedergewinnen; dann gründen sie ihr eigenes Bündnis, den «goldenen Bund», werfen sich in das Ringelspiel der europäischen Politik, und bringen vor allem auch ihr sittliches, geistliches und geistiges Leben zu neuer Blüte. Denn sie haben gelernt, dass man gegen einen neuen Glauben, einen neuen Geist nicht etwa mit «gross Macht und viel List» ankämpfen kann, sondern nur mit Glauben, mit Geist. Deshalb schmieden sie jene geistigen Waffen, die ihnen bis dahin gefehlt hatten. Und dann besitzen sie vor allem das, was am meisten nottut, – Männer. Die nötigen

Männer; nicht nur fremde Glaubensboten wie einen Carl Borromäus, den Nuntius Bonomio, einen Canisius, sondern heimische Führer, Erzieher, Behörden, Diplomaten, Hauptleute, einen Schneuwly und einen Kanzler Techtermann in Freiburg, einen Cysat und Pfyffer in Luzern. Man kann diese blutige Spaltung unter den Schweizern beklagen, diesen Bruch in der Glaubenseinheit, die das gemeine Wesen in zwei einander feindliche Bünde getrennt hat, den Niedergang des Volkstums, den sie zur Folge hatten; aber man muss diese wirkliche Wiedergeburt des Katholizismus nur bewundern: Die reich an Heiligen, Blutzeugen und Gelehrten ist, ein neues Mittelalter. Man muss im Buch der Geschichte auch eine zerrissene Seite stehen lassen können. Luzern wird so die Hauptstadt der katholischen alten Schweiz. Es verkörpert in diesem Jahrhundert den Glauben, die Überlieferung, den Kampf; das versinnbildlicht, weckt und lehrt die Kappelbrücke.

Auszug aus: *Schweizer Städte und Landschaften* von 1932. Gonzague de Reynold, eigentlich Frédéric G. Graf R. de Cressier, war ein Schweizer Schriftsteller und Professor an den Universitäten Genf, Bern und Fribourg. Sein Denken ist von stark antidemokratischem Gedankengut geprägt. Martin Martini (1565/66–vor dem 6. Mai 1610) ist ein Schweizer Kupferstecher. Von Luzern fertigte er um 1600 einen Kupferstich an. Cysat und Pfyffer: Für Cysat siehe dort; Pfyffer: Hier ist wohl Ludwig Pfyffer von Altishofen (1524–1594) gemeint.

ANNA RICHLI
1884–1954

Jahrhundertwende

In das braune Giebelhaus der äussern Weggisgasse zog nun die Jungfer Jakobea Rüttimann, eine würdige Dame aus altem Luzerner Geschlecht, die Base des Kaspar Leonz von Hertenstein. Fromm und gutmütig nahm sie die mutterlosen Mägdlein ans Herz, beinahe so lieb und herzlich, wie es ehedem die Ratsherrin getan. Sie kam mit dem festen Vorsatz, dem Manne, der wie gelähmt am Totenbette seiner Frau Eheliebsten zusammengebrochen war und nun mit traurigen Augen herumlief, die Witwerschaft so viel als möglich zu erleichtern und in ihr fahles Grau rosenrote Wölklein zu streuen. Weil der stattlichen Dame, trotz ihrer 47 Jährchen, aus dem silbergetriebenen Spiegel immer noch ein recht angenehmes Antlitz entgegensah, stiegen der guten Jakobea in der ersten Zeit ihres neuen Amtes allerhand vergessene, törichte Gedanken aus dem Spiegelbilde auf, die sie nachdenklich machten und erröten liessen. Wer weiss, das Leben hatte vielleicht an ihr etwas gutzumachen und an ihm, der ein heisses, aber kurzes Eheglück genossen, nicht minder.

Indessen schien dies nur so ein jähes Traumbild zu sein, denn die dumpfe Luft der kriegerischen Zeit und die Wolke der Revolution senkten sich immer tiefer auf die heitere, lachfrohe Stadt am See, auf ihre selbstbewussten, aber keineswegs mit Glücksgütern gesegneten Patriziergeschlechter. Zum bildergeschmückten Saal auf dem obern Boden des Hertensteinschen Hauses am Weggisertor, der einst von viel Munterkeit und Lustbarkeit widergeklungen, lag der Schlüssel, nicht nur wegen der Haustrauer, verrostet in der feuerfesten Eisentruhe des Hausherrn, sondern vielleicht noch mehr wegen all dem Ungemach und den Sorgen, die in diese, die alten Verhältnisse auflösenden Zeiten von allen Seiten eindrangen. Nun galt es nicht mehr, aus französischen Diensten heimgekehrte Offiziere zu bewirten, wie zu Frau Adriennes Zeiten. Dafür leerten die zwangsweisen Einquartierungen nach und nach Keller und Vorratsräume. Das Herzeleid um seine Frau verschloss Junker Kaspar Leonz Hertenstein mehr und mehr in die Unnahbarkeit seines Schweigens. Auf der steilen Stirne aber ätzten die wirtschaftlichen Sorgen tiefe Runen von Widerwärtigkeit und Ärger ein. Die Helvetik war proklamiert. Im Lindengarten, bei der Senti, überall auf den Plätzen den Patriziern vor die Augen gepflanzt, flatterten die bunten Bänder der Freiheitsbäume. Der Junker hatte, wie alle seines Standes, zu leben verstanden, aber nie recht gelernt, den Unterhalt zu erwerben. Keinen Menschen ausser den Herzensfreund Ulrich Franz Xaver Niklaus Krus, den Probst und gnädigen Herrn zu Münster, liess er in die dräuenden Sorgen einen Einblick tun, die an den massiven Grundmauern seines Hauses rattengleich nagten. Das Halten mehrerer Dienstboten wurde mit Steuern belegt. Trotz dem händeringenden Protestieren der Jungfer Jakobea gab er den Befehl, alle Dienstboten bis auf die Trina Hecht und die Marei Putschert zu entlassen. Kein Mensch ahnte, was diese Anordnung seinen Stolz kostete. Er reiste trotz Jakobeas Vorstellungen am nämlichen Tage noch nach Münster zu seinem Freunde, um auf einige Zeit aus dem Kummer hinauszukommen. Er floh die kriegerischen Requisitionen, die beinahe tagtäglich in seinem Hause stattfanden und ihm so augenscheinlich seine Ohnmacht zu fühlen gaben, dass er das Gespenst der Armut immer näher schleichen sah. Um das Prestige vornehmer Hablichkeit kämpfte er beinahe krampfhaft. Es war ihm, als schulde er dies als Allererstes der stolzen, feinen Frau, die droben unter den Hallen der Propststatt schlummerte.

Auszug aus der Erzählung *Jahrhundertwende*, veröffentlicht 1929. Anna Richli, geboren in Willisau, lebte seit 1934 in Luzern; zuvor unterrichtete sie bereits als Primarlehrerin in der Stadt. Die Helvetische Republik war jene durch den französischen Revolutionsexport auf dem Boden der Alten Eidgenossenschaft errichtete Tochterrepublik, die von 1798 bis 1803 bestand.

Die Weggisgasse um 1900

RAINER MARIA RILKE
1875–1926

Die «Freie Vereinigung Gleichgesinnter»

Da blüht sie nun schon an die achtzehn Winter
die «Freie Vereinigung Gleichgesinnter».

Möge sich mancher noch fähig finden,
sie für einen Abend zu binden, –

und dass sie ihm (lässt er sie wieder frei)
stets von der gleichen Gesinnung sei.

Rainer Maria Rilke
(nach dem guten Abend des 12. November 1919)

Am 12. November 1919 las Rainer Maria Rilke in Luzern auf Einladung der 1901 gegründeten Freien Vereinigung Gleichgesinnter (FVGL), die damals und später zahlreiche Vorträge auf allen Gebieten des Geisteslebens organisierte (siehe dazu auch die verschiedenen Festschriften der FVGL). Am Tag darauf trug sich Rilke mit obstehenden Zeilen ins Erinnerungsbuch der FVGL ein.

DIEBOLD SCHILLING
Um 1460–Um 1515

Vom Krienbach

Inn dem obgenanten jar, alss man zalt von der gepurt Cristi unnsers heren tusend vierhundert fünff und sibentzig jar, kam uff sant Johans aben, im summer nach dem nachtmal zuo Lucern ein sollich ungestüm wätter, alss daselbs je erläpt was worden, ouch demnach nie erläpt, und begab sich das also. Allermenglich ist zuo wüssen von einem bärg nit verr von der statt Lucern, den man nent Frackmont, wirt aber von dem gemeinen mönschen geheissen Pilatusbärg. Daruff nuo in einem wyer oder se ein gespänst lit, und nach innhalt alter historien so haltet man sollichs darfür, es sye der geist Pilatj. Deshalben nuo an dem end by demselben se nieman frävelich wandllen noch nützit darin darff wärffen. Es ist ouch by lib und guot daruff unerloubt ze gan von minen heren von Lucern verbotten. Nuo begab es sich in dem obgeschribnen jar und tag, wie wol nieman eigentlich mocht wüssen, ob lüt by dem se wärend gewäsen oder nit. Es was aber ze besorgen, wann es kamm ein sollich ungehür gross wätter mit tonder, blicks und ungehörtem rägen, das der Krienbach angieng und so gross wart, das er über alle acker, matten und zün zuo Kriens und den Obern Grund durhnider ablüff, das er gantze hüser, spicher, lüt und guot ertranckt, enwäg truog und verdarpt, zerstiess am Barfuosstor den schutzgatter, dardar die Kriempachbruck, ouch der stäg darunder die Rüss niderrünnend, sollichermass, das wib und man in der Cleinen statt ire kind und ander ding flocktend, erschrackend ouch so hart, dz sy besorgtend, die Cleine statt wölte gantz verderben und undergan, wann es mocht nieman me darinn gan, sunder muost man von eim huss zuo dem andern faren. Derselb bach costett järlich min heren von Lucern gross guot, damit er behept wärde, dz er nit lüt und guot verderbe. Es sol ouch nieman so frävel sin oder gelusten, zuo verbottnen zitten daruff ze gan ze versuochen unglück ze machen, wann

147

fürwar sollichs eim von minen heren nit übersähen wär, der ergriffen wurd.

Nacherzählung:

Im Sommer 1475 brach am Abend des Johannistages in der Zeit nach dem Abendessen ein derart ungestümes Unwetter über Luzern herein, wie es vorher und nachher nicht mehr erlebt wurde, und zwar geschah dies so:

Jedermann weiss, dass nahe bei Luzern ein Berg steht, den man Frackmont nennt, und der von den gewöhnlichen Leuten auch Pilatus genannt wird. Auf diesem Berg wohnt in einem Weiher oder See ein Gespenst. Nach dem Bericht alter Geschichten soll es der Geist des Pilatus sein. Deshalb darf niemand an den Ufern des Weihers frevlerisch lustwandeln oder etwas hineinwerfen. Sowieso ist es unter Androhung schwerer Strafen verboten, da ohne Erlaubnis der Stadtväter überhaupt hinaufzugehen.

Nun wusste man aber an dem erwähntem Jahr und Tag nicht und konnte es nicht herausfinden, ob Leute beim See gewesen waren. Man musste es aber leider annehmen. Denn es kam ein so ungeheuer grosses Unwetter mit Donner, Blitz und noch nie gehörtem Regen, dass der Krienbach anschwoll und derart hochstieg, dass er in Kriens und im Obergrund über die Äcker, Matten und Zäune lief und ganze Häuser, Speicher, Menschen, Hab und Gut in den Wogen untergingen, von ihnen weggespült wurden und ertranken. Am Barfüessertor zerstörte er die Schutzvorrichtung, danach die Krienbachbrücke und den Steg, unter dem die Reuss durchfliesst, dermassen, dass Frauen und Männer in der Kleinen Stadt mit ihren Kindern und anderen Sachen flüchteten und auch so noch derart fest erschraken, dass sie meinten, die Kleine Stadt würde nun völlig untergehen. Denn niemand konnte dort mehr laufen, man musste von einem Haus zum anderen mit dem Boot fahren. Dieser Krienbach also kostet die Stadtherren von Luzern jährlich immer wieder viel, damit er zurückgehalten werden kann und die Menschen und ihr Hab und Gut nicht zerstört.

Es sollte wirklich niemand so frevlerisch sein und es sich einfallen lassen, zu verbotenen Zeiten dort hinaufzugehen und das Schicksal auszureizen. Sollte man dennoch einen erwischen, würde er von meinen Herren nicht geschont.

Originaltext: Ausschnitt aus der *Luzerner Chronik* des Diebold Schilling, verfasst 1511–1513. Nacherzählung von Dominik Riedo. Schilling (der Jüngere) war der Sohn von Hans Schilling, dem älteren Bruder Diebold Schillings des Älteren, der die *Berner Chronik* verfasst hatte. Ab 1479 war Diebold der Jüngere Notar in Luzern und ab 1481 auch Priester. Im Gegensatz zu seinem Onkel war er eine eher skandalträchtige und schillernde Figur. 1487 wurde er vom Luzerner Rat in den Turm gesperrt, seiner Pfründe enthoben und erst zwei Jahre später freigelassen, nachdem er versprochen hatte, sich in Zukunft ehrbar und priesterlich zu verhalten. Aber auch danach war er in allerlei Händel verwickelt, und nach einer nächtlichen Rauferei, die mit einem Totschlag endete, wurde er vom Rat zu einer Busse und der Zahlung einer jährlichen Totenmesse für das Opfer verpflichtet. Beim Jahr der Überschwemmung täuscht sich Schilling übrigens: Sie geschah 1473 (und nicht 1475). Kleine Stadt: die Altstadt links vom Reuss-Ufer.

ARTHUR SCHOPENHAUER
1788–1860

Ein kleines, schlechtgebautes Städtchen

Lucern ist ein kleines, schlechtgebautes, menschenleeres Städtchen. Seine Lage ist indessen gewiss eine der schönsten in der Schweiz. Es sind hier drey grosse bedeckte Brücken. Zwey davon gehen über Einbuchten des vierwaldstädter Sees und die dritte über den Strohm Reuss, der entsetzlich reissend ist. Von den beyden ersten Brücken hat man die unbeschreiblich schöne Aussicht, welche *Lucern* für Reisende so merckwürdig macht. Man übersieht ein herrliches, nicht gar zu grosses Bassin, welches den See hier bildet, und welches so von Bergen eingeschlossen ist, dass man den Ausgang nicht bemerckt. Von hier aus sieht man die majestätischen Alpen in ihrer ganzen Grösse, von dem angebauten untern Theil derselben an bis zu ihren schneebedeckten Gipfeln; denn nur eine kurze Strecke, mit fruchtbaren Äckern und Wäldern bedeckt, trennt sie vom See, in welchem ihre Gipfel, die immer höher einer über den andern hervorragen, sich spiegeln. In der offnen Seite dieses prachtvollen Amphitheaters liegt *Lucern*. An der linken Seite der Stadt endigt der schöne grüne *Rigi* den herrlichen Halbkreis, und an der rechten der höhere finstere *Mont Pilatus,* auf dessen dunckelm Felsen-Gipfel man etwas Schnee bemerckt. Er scheint von hier aus der höchste von allen, da er der nächste ist und seine ungeheure Masse dicht am See zeigt, doch sind die hinteren Berge bey weitem höher. Von den beyden Brücken über den See hat man dieselbe göttliche Aussicht, nur durch den verschiedenen Gesichtspunkt ein wenig geändert. Beyde Brücken sind mit einem Dach bedeckt, welches jedoch der Aussicht nicht im Wege ist. Die längste derselben hat die ungeheure Länge von 1380 Fuss. Auf dieser ist ein sehr sinnreich eingerichtetes Brett angebracht, auf welchem man durch aufgeschriebene Namen und bezeichnete Linien die Benennung aller der Berge erfährt, welche hier den See so schön umgeben. Die Einrichtung dieses Bretts verdanckt man dem berühmten General Pfeiffer. Inwendig sind am Dache dieser Brücke eine Menge alter triangelförmiger Bilder befestigt, deren *Sujets* aus der Bibel genommen sind. Auf der zweyten Brücke, welche 1000 Fuss lang ist, hängen auch 200 Bilder von den Thaten der alten Schweizer, alle mit gereimten Unterschriften erklärt.

Die dritte Brücke, welche über die Reuss geht, ist kürzer als die andern und hat auch keine Aussicht. Aber ein sogenannter Todtentanz, der aus mehreren dreyeckigen Bildern besteht und wie bey den andern an der inneren Seite des Dachs angebracht ist, macht sie merckwürdig. Die Bilder sind schlecht gemahlt und grösstentheils so verwischt, dass sie beynahe unkenntlich sind. Sie stellen alle Stände und Lagen des menschlichen Lebens vor, und überall steht der Todt mitten im glänzensten Gewimmel. Man sieht ihn in Schlachten, in Maskeraden, in Gerichtsstuben, bey Krönungsfesten, bald diesen und jenen beym Ärmel zupfen und abrufen. Die Idee ist recht gut, man muss aber in vorigen Zeiten besondern Geschmack daran gefunden haben, um einen so einfachen Gedanken in so vielen Bildern zu wiederhohlen.

Auszug aus den *Reisetagebüchern aus den Jahren 1803-1804*, erstmals veröffentlicht 1923 (posthum). Arthur Schopenhauer wollte entgegen dem Wunsch seiner Eltern nicht Kaufmann werden. Diese boten ihm den Handel an, ihn auf eine Europareise mitzunehmen, wenn er dafür Kaufmann und nicht Gelehrter werde. Er nahm an. Die Reise führte nach Holland, Frankreich, England und in die Schweiz: Genf, Chamonix, Lausanne, Bern, Thun, Interlaken, Lauterbrunnen und Burgdorf (Pestalozzisches Institut) waren unter anderem die Stationen. Am 1. Juni 1804 erreichte man Luzern, der Eintrag datiert vom 2. Juni. Am 3. Juni bestieg Schopenhauer (geführt) den Pilatus. Weil der Vater kurz nach der Reise starb, konnte Schopenhauer dann trotzdem Gelehrter werden.

MARGRIT SCHRIBER
* 1939

Rauchrichter

Nur am Seenachtsfest meidet Konrat Ott die Promenade.

Könnte sein, dass seine Damen trotz hochhackiger Schuhe keinen Feuerwerksfunken, kein einziges Wasserbild oder eine der Nixen zu sehen bekämen, sondern von Touristen erdrückt würden. Die Wohnungsbalkone drohen unter der Last ihrer Menschentraube wie Zuckerwerk von den Fassaden zu brechen.

Marie entsinne sich an ein Fest, dem Konrad vom Boot aus beigewohnt hat.

Es sei entsetzlich gewesen, erzählte Ruth. Viel zu viele Boote, als sei jeder Anstösser rund um den See Bootsbesitzer und laufe nun in die Seebucht ein. Wasserpolizei drängte die Boote zusammen. Auch Kapitän Ott musste sein gelacktes Mahagoniboot beidrehen.

Mit dem üblichen Donnerschlag erloschen die Lichter der Stadt. Das sei das entsetzlichste gewesen, diese Dunkelheit. Bei jeder Welle sei eine Jacht gegen ihr Mahagoniboot gekracht. Ein Schiff rammte das andere. Das Ächzen pflanzte sich durch die Finsternis fort. Man musste an ein Geschiebe krachend berstender Eisschollen denken, die an einem Fels auflaufen, zurückfluten und sich splitternd übereinanderschieben, während sich in der Ferne die Feuererscheinungen einer unwirklichen Welt abspielen.

Bei jeder Darbietung erhoben sich Ruth und Dora, taumelten und setzten sich wieder hin, weil sie nur das Gewirr von Bootsmasten, Radargabeln und die anderen Bootsinsassen sahen, die mit ihnen aufgestanden waren, aufjubelten und sich wieder hinsetzten. Ruth und Dora wurden einmal von einem Ruderschlag mit eisigem Wasser übergossen, einmal gegen eine Jacht geworfen. Das Gelächter der Mannschaft schallte vom Deck herab, während das Mahagoniboot in den Wellen versank, sich erhob, von neuem gegen die Jachtwand krachte und versank.

Das muss man sich vorstellen, unser Bub mit gepolsterten Schultern und Kapitänsmütze im Lackboot, das Agatha und ich ihm geschenkt haben. Ausgelaufen, um am Quai seine beiden Frauen und die Löwenschurpudel herzuzeigen, dann in einer eleganten Kurve zur Seemitte zu zischen. Und dort musste er sich nun von einer Jacht herumschubsen lassen. Statt das Feuerwerk zu geniessen, hat er zwei durchnässte Frauen und zwei zitternde Pudel an Bord.

Man muss ihn dort sehen, hohes Rauchgericht, wie er steif und feierlich inmitten einer Horde spritzender, trinkender und von Zeit zu Zeit schallend auflachender Schiffer versinkt. Aufrecht, wie einer dieser Kapitäne, die salutierend untergehen. Jedes Himmelsbild, das über Konrads goldbetressten Kapitänsmütze explodierte, jeder einzelne Funke, der auf seine gepolsterten Achseln regnete, muss ihn gedemütigt haben. Das Schweigen seiner Frauen hat ihn gedemütigt. Ihr Aufstehen, Taumeln und Absitzen, das ununterbrochene Krachen der Feuerwerkskörper und der nachfolgende Applaus.

Auszug aus dem Roman *Rauchrichter*, erschienen 1993. Margrit Schriber ist in Luzern geboren, wuchs dann aber in Brunnen und Küssnacht auf. Heute lebt sie in Zofingen und in der französischen Dordogne. Das Seenachtsfest ist ein jährlich stattfindendes Feuerwerksereignis auf dem Luzerner Becken des Vierwaldstättersees; seit 2009 integriert im «Luzerner Fest».

WASSILI ANDREJEWITSCH SCHUKOWSKI
1783–1852

Das Chaos der Berge

Die Umgebung von Luzern ist vielleicht die malerischste in der Schweiz. Man kann unmöglich jene Pracht wiedergeben, die das Chaos der Berge darstellt, welche den Vierwaldstätter See umgeben und von der Luzerner Brücke aus, besonders bei Sonnenuntergang, wenn die schneebedeckten Berge erstrahlen und allmählich erlöschen, zu sehen sind. In Luzern steht heute ein Denkmal, das in seiner Grösse einmalig ist: Aus einem hohen Felsen ist eine Höhle herausgemeisselt worden, in deren Tiefe auf einem Teppich aus Lilien in Form eines Schildes ein sterbender Löwe liegt. Dieser Löwe entspricht in seiner Grösse einem gewaltigen Sockel: Vor dem Felsen breitet sich ein Teich aus, in dem sich dieses Massiv widerspiegelt. Thorwaldsen hat eine Zeichnung von dem Löwen angefertigt, und der Bildhauer ist ein gewisser Ahorn aus Konstanz. Das Denkmal wurde zu Ehren der Schweizer errichtet, die am 10. August 1792 in Paris umgekommen sind.

Auszug aus einem Brief des russischen Dichters vom 21. September 1821 über die Schweiz an die Grossfürstin Alexandra Fjodorowna. Ersterscheinung in den *Gesammelten Werken* 1825.

SIR WALTER SCOTT
1771–1832

Aufbruch

Diese Cantone *[die Kantone am Vierwaldstättersee; Anmerkung des Hg.]* nun sind der Schauplatz unserer Geschichte, welche mit dem Herbst des Jahres 1474 beginnt.

Zwei Reisende, von denen der eine längst über den Frühling des Lebens hinaus war, der andere etwa 22 bis 23 Jahre haben mochte, hatten die Nacht in Luzern, der Hauptstadt des Cantons gleichen Namens, zugebracht, die äusserst malerisch am Vierwaldstädtersee liegt. Tracht und Benehmen liessen Handelsleute ersten Ranges in ihnen vermuthen, und während sie zu Fuss gingen, eine Art zu reisen, welche die Beschaffenheit des Landes als die bequemste darstellte, begleitete sie ein rüstiger Bursche von der Seite der Alpen, welche gegen Italien hinliegt, mit einem Saumthiere, auf das er sich zuweilen setzte, das er aber meistens am Zügel nach sich führte.

Ausschnitt aus *Karl der Kühne oder die Tochter des Nebels. Historische Novelle von Walter Scott*. Unter diesem Titel bereits 1829 auf Deutsch erschienen. Originaltitel: *Anne of Geierstein, or The Maiden of the Mist* (ebenfalls 1829; eigentlich ein Roman).

W. G. SEBALD
1944–2001

Fussnote

Bei der Durchsicht dieser Aufzeichnungen entsinne ich mich jetzt wieder, dass ich im Februar 1971, während eines kurzen Aufenthalts in der Schweiz, unter anderem auch in Luzern gewesen und dort, nach einem Besuch im Gletschermuseum, auf dem Rückweg zum Bahnhof längere Zeit auf der Seebrücke stehengeblieben bin, weil ich beim Anblick der Kuppel des Bahnhofsgebäudes und des schneeweiss hinter ihr in den klaren Winterhimmel aufragenden Pilatusmassivs an die viereinhalb Jahre zuvor in der Antwerpener Centraal Station von Austerlitz gemachten Bemerkungen habe denken müssen. Ein paar Stunden später, in der Nacht auf den 5. Februar, als ich längst wieder in tiefstem Schlaf in meinem Züricher Hotelzimmer lag, ist dann in dem Luzerner Bahnhof ein mit grosser Geschwindigkeit sich ausbreitendes und den Kuppelbau gänzlich zerstörendes Feuer ausgebrochen. Von den Bildern, die ich am nachfolgenden Tag davon in den Zeitungen und am Fernsehen gesehen habe und die ich während mehrerer Wochen nicht aus dem Kopf bringen konnte, ist für mich etwas Beunruhigendes und Beängstigendes ausgegangen, das sich in der Vorstellung verdichtete, dass ich der Schuldige oder zumindest einer der Mitschuldigen sei an dem Luzerner Brand. Noch viele Jahre später habe ich manchmal in meinen Träumen gesehen, wie die Flammen aus dem Kuppeldach schlugen und das gesamte Panorama der Schneealpen illuminierten.

Ausschnitt aus: *Austerlitz*, erschienen 2001. Es handelt sich beim Text um eine Fussnote in dem Buch. *Austerlitz* ist ein zwischen Roman, Biographie und Ästhetik changierendes Werk, das 2001 als letztes vor dem Tod des Autors erschienen ist. Geschildert wird die Suche des 60-jährigen Jacques Austerlitz nach seiner Herkunft. Das Buch hat eine Diskussion über die Art und Weise ausgelöst, wie Sebald sich realen biographischen Materials bemächtigte. Seine Vornamen Winfried und Georg lehnte Sebald übrigens ab. Winfried war für ihn ein «richtiger Nazi-Name»; für seine Familie, seine Schwestern und seine Freunde war er «Max», wie er sich auch selbst nannte.

JOHANN GOTTFRIED SEUME
1763–1810

Krieg und Forellen

Die ganze Fahrt auf dem Wasser herab bis nach Luzern ist eine der schönsten; links und rechts liegen die kleinen Kantone, und höher die Schneealpen, in welche man zuweilen weit weit hineinsieht. Der Pilatusberg vor Luzern ist nur ein Zwerg, der den Vorhof der Riesen bewacht. In Luzern fand ich im Wirtshause unter der guten Gesellschaft einige Freunde von Johannes Müller, die mit vieler Wärme von ihm sprachen. Nachdem ich die Brücken und den Fluss beschaut hatte, ging ich zum General Pfeiffer, um seine wächserne Schweiz zu sehen. Die Sache ist bekannt genug, aber kein so unnützes Spielwerk, wie wohl einige glauben. Der Mann hat mit viel Liebe viele schöne Jahre seines Lebens daran gearbeitet, und mit einer Genauigkeit, wie vielleicht nur wenig militärische Karten gemacht werden. Die Franzosen haben das auch gefühlt, und Lecourbe, gegen den der alte General zuerst eine entschiedene Abneigung zeigte, wusste durch seine Geschmeidigkeit endlich den guten Willen des Greises so zu gewinnen, dass er sich nun als seinen Schüler ansehen konnte. Die Schule hat ihm genützt; und es wird allgemein nicht ohne Grund behauptet, er würde den Krieg in den Bergen nicht so vorteilhaft gemacht haben, ohne des Alten Unterricht. Die Wachsarbeit ist bekannt: Es ist Schade, dass ihm die Jahre nicht erlauben, das Übrige zu vollenden. Dieser Krieg hat die Bergbewohner in Erstaunen gesetzt: Man hat sich in ihrem Lande in Gegenden geschlagen, die man durchaus für unzugänglich hielt. Die Feinde haben Wege gemacht, die nur ihre Gemsenjäger vorher machten; vorzüglich die Russen und die Franzosen. Man hat sich auf einmal überzeugt, dass die Schweiz bisher vorzüglich nur durch die Eifersucht der grossen Nachbarn ihr politisches Dasein hatte. Die Russen und Franzosen kamen auf Pfaden in das Murter Tal, die man nur für Steinböcke gangbar hielt. Die Katholizität scheint hier in Luzern sehr gemässigt und freundlich zu sein. Das Merkwürdigste für mich war noch, dass mir der Kellner im Gasthofe erzählte, man habe in dem See zwei und dreissig Sorten Forellen, so dass man also bei der kleinsten Wendung der Windrose eine andere Sorte hat. Diejenigen, welche man mir gab, hätten einen Apicius in Entzücken setzen können; und ich rate Dir, wenn Du hier her kommst, Dich an die Forellen zu halten, wenn Du gleich nicht alle Sorten des Kellners finden solltest.

Die «wächserne» Schweiz, das ältestes Gebirgsrelief, im Gletschergarten Luzern

Auszug aus: *Spaziergang nach Syrakus im Jahre 1802.* Ersterscheinung 1803. Ab 1801 unternahm Johann Gottfried Seume zwei grosse Reisen, die ihn in weite Teile Europas führten, so nach Syrakus, nach Russland, Finnland und Schweden. Am Ende seines *Spaziergangs nach Syrakus* gedachte Seume seines Schuhmachers mit folgenden Worten: «... Zum Lobe meines Schuhmachers, des mannhaften alten Heerdegen in Leipzig, muss ich Dir noch sagen, dass ich in den nämlichen Stiefeln ausgegangen und zurückgekommen bin, ohne neue Schuhe ansetzen zu lassen, und dass diese noch das Ansehen haben, in baulichem Wesen noch eine solche Wanderung mitzumachen.» Seine Eindrücke auf dieser Reise beschrieb Seume mit besonderem Blick auf die jeweiligen sozialen, ökonomischen und politischen Verhältnisse. General Pfeiffer: Siehe den Text von Theodor Fontane.

GEORGES SIMENON
1903–1989

Auf dem Bürgenstock

Bürgenstock. Mehr oder weniger eine Ferienaufgabe, ungefähr in der Mitte unserer Ferien. Seit zehn Tagen sind wir mit den drei Kindern hier (zum erstenmal ist Pierre von zuhause weg). Schon am ersten Tag entwickelten wir, wie letztes Jahr in Venedig, eine fast so strenge Routine wie zuhause.

Wo immer wir sind, D. und ich, erlegen wir uns einen Stundenplan auf und nehmen selbst für drei Tage, wie neulich in Bern, Gewohnheiten an, die wir dann fast religiös befolgen. Ich glaube, dass das von mir kommt. Dabei habe ich stets die Leute beneidet, deren Leben nicht in festen Bahnen verläuft.

Morgens Schwimmbad (ausser in den letzten drei Tagen. Es hat zuviel geregnet, und das Wasser ist kalt). Einige Partien Pingpong mit den Kindern und nachmittags Golf. Zwei Runden Tanz beim Aperitif. Um neun Uhr abends sind wir in unserem Appartment.

Entspannt. Echte Ferienstimmung. Wir haben mit niemandem gesprochen, überhaupt keine Bekanntschaften gemacht.

Die hochnäsige Atmosphäre eines Luxushotels in den Bergen stört mich nicht. Ich habe nicht mehr das Bedürfnis, mit den Leuten zu quatschen. Im Gegenteil. Vielleicht ist das Faulheit.

***

Wir haben keine ausgesprochene Vorliebe für die sogenannten Luxushotels, und ich beneide oft jene Leute, die in volkstümlicheren Herbergen absteigen. Es würde mir besser gefallen, ohne Umstände mit den Leuten aus dem Volk zusammenzukommen, und dies ist auch der Grund, weshalb ich gern in Kneipen gehe.

Aber ich gestehe, dass mir die WCs am Ende des Ganges, die gemeinsamen Badezimmer auf dem Stockwerk usw. zuwider sind. Ausserdem sind wir auf Telefon, Post und sonstige Dienstleistungen angewiesen.

Für meine Kinder bedauere ich das, für sie ist es zuhause und anderwärts etwas Selbstverständliches, stets Personal zu ihrer Verfügung zu haben, und ich muss an mich halten, um ihnen nicht dauernd mit dem lächerlichen:

– In meiner Jugend

zu kommen.

Es ist nicht ihr Fehler, sondern meiner. Hier leben wir mit ihnen von morgens bis abends zusammen, und ich entdecke an ihnen eine Reihe von Dingen. Ich möchte gern vollkommen sein, nie in Wut geraten und vor allem nicht, was mir jeden Augenblick passiert, meine Prinzipien verraten.

Wegen des äusseren Rahmens, der Konventionen, mache ich aus ihnen wider meinen Willen kleine Konformisten. Aus Angst, die Nachbarn zu stören, sie zu schockieren usw.

Die Amerikaner haben eine Lösung für dieses Problem gefunden, gerade die Reichsten verbringen ihre Ferien in einem sogenannten Camp, in einer Blockhütte mitten in der Natur, fern von allen Bequemlichkeiten, wo sie selbst kochen und putzen.

Das ist dort der höchste Luxus, ohne Telefon, ohne Post, und das Feinste vom Feinen ist es, an einen Ort am Ufer der kanadischen Seen zu ziehen, wo man nur mit dem Hubschrauber hinkommt.

So etwas ist hier unmöglich. Zwar gibt es in diesen «Camps» Badezimmer und jeden Komfort. In Neu-England allerdings wohnen auch Leute einige Stunden von Boston entfernt in Bungalows ohne Wasser und Strom. Wäre ich dazu noch fähig? Und meine Kinder?

Noch ein Gedanke, an dem ich seit meiner Jugend unverändert festhalte. Man kann sich mit dem Notwendigen, dem Unerlässlichen zufriedengeben und damit fast glücklich sein. Sobald man aber den

Der 1905 eröffnete Hammetschwandlift

Warten auf den Lift, im Hintergrund der Felsenweg

Bereich des Überflüssigen, des Luxus oder Halb-Luxus betreten hat, gibt es keine Grenzen mehr, also keine Sättigung, keine Befriedigung.

Wir leben nun aber in einer Epoche, in der das Überflüssige für jeden oder fast jeden notwendig geworden ist. Lassen sich damit nicht bestimmte Übel, von denen so viel die Rede ist, vor allem in den fortgeschrittensten Ländern, und sogar gewisse Krankheiten – nicht nur Geisteskrankheiten – erklären?

Genug! Wir hatten vor, den Tag auf dem See zu verbringen, doch der Regen hindert uns daran, und genau wie in Lausanne oder sonstwo, habe ich D. zum Friseur gebracht. Nachher kommt Johnny dran. Bis dahin Pingpong. Auch ich spiele mit den kleinen Bällen, und das entspannt mich, genau wie das Spiel mit einem neuen Paar Brüste.

Auszug mit Auslassung aus: *Als ich alt war – Tagebücher 1960-1963*, veröffentlicht 1970. Georges Simenon erwirkte schon damals eine Landeerlaubnis auf dem Militärflughafen Emmen, von wo er sich auf den Bürgenstock bringen liess. Ein Teil des Bürgenstocks ist eine Exklave der Stadt Luzern.

CARL SPITTELER
1845–1924

Ein kleines Abenteuer

In Luzern erlebte ich ein kleines Abenteuer. Nachdem wir uns den Löwen angesehen, kehrte mein Onkel in die benachbarte Bierbrauerei ein. Ich, der Bier überhaupt nicht mochte («Bier und Schuhwichse sind für mich einerlei»), setzte mich unterdessen auf ein Mäuerlein. Nach einiger Zeit zupfte mich ein Kind am Ärmel. Ich solle ihr zum Vater folgen, begehrte sie. «Warum? wozu?» «Das weiss ich nicht; aber der Vater hat es befohlen.» Ich folgte ihr in ein Haus, mehrere Treppen hoch. Im Zimmer sass ein alter Mann, der mich freundlich begrüsste, mir befahl abzusitzen, mir ein Zwehelein (Handtuch) auf die Knie legen liess und mir eine Tasse Kaffee vorsetzte. Erstaunt sah ich ihn an: «Ja, was soll ich mit dem Kaffee?» Väterlich lächeltet er: «Ich habe gar wohl beobachtet, wie Euer Kamerad ins Bierhaus ging und Ihr Euch traurig auf das Mäuerlein setztet, weil Ihr kein Geld habt. Ich bin auch vor Zeiten auf der Wanderung gewesen und weiss, wie es tut. Also greift nur herzhaft zu, ich gebe es Euch gerne.» Ich mochte ihn nicht über seinen Irrtum aufklären, gönnte ihm den Glauben, ein wohltätiges Werk getan zu haben, und schluckte ein wenig von dem Kaffee.

Auszug aus dem Kapitel *Ein philosophisches Schweizerreischen* aus der autobiographischen Schrift *Das entscheidende Jahr*, geschrieben in den frühen 1910er-Jahren, erschienen erstmals in den *Gesammelten Werken* 1947. Es handelt sich um die Schilderung von Carl Spittelers Reise (mit seinem Onkel) als 17-Jähriger, als er im Sommer 1862 auch Luzern besuchte. Luzern spielte in Spittelers Leben eine entscheidende Rolle: 1864 flüchtete er in einer existentiellen Krise in die Stadt und ab 1892 bis zu seinem Tode 1924 hat er in Luzern gelebt. Er liegt im «Friedental», dem Luzerner Friedhof.

DÖLF STEINMANN
1942–2009

Orgelgewitter

Es ist wie beim Menschen. Hinter der schönen Fassade tut sich Interessantes und Geheimnisvolles, manchmal auch Kompliziertes auf. Die verschiedensten Pfeifenformen, enge und weite Mensuren, winzigste Flötchen, die Leute über sechzig kaum mehr hören können, und grosse heavy metal-Röhren. Die längste Prospektpfeife ist 32 Fuss, also 10 Meter hoch und wiegt fast 400 Kilo! Über 350 Jahre ist sie alt. Nein, besonders laut ist sie nicht, sie erzeugt aber ein durchdringendes tiefes Brummbass-Wummern. Es kann einem schlecht werden davon. Die Formenvielfalt! Es gibt becherförmige, gekröpfte, krumme, zweifach konische, büchsige, solche, die aussehen wie eine Autohupe. Es gibt Register aus den unterschiedlichsten Metall-Legierungen und natürlich Holzpfeifen. Solche mit Deckel, «Gedackt» nennt man sie, sie tönen eine Oktave tiefer als gleich grosse ungedeckte Pfeifen, weil sich durch die Schallreflexion am Deckel das Luftvolumen verdoppelt. Und die seltsamen Namen: Bourdon, Gemshorn, Pommer, Rankett, Dulcian, Sesquialter, Salicional, Nasard, Bombarde, Voix céleste ...

Jeder Ton lebt – im Unterschied zum Organisten! – von der Luft. Luftsäulen verschiedener Länge werden in Schwingung gebracht, entweder mit Hilfe einer im Strom vibrierenden Metall-«Zunge», *wie bim Schnörregigeli,* oder dadurch, dass die Luft über eine scharfe Kante, das Labium, geblasen wird, *grad wie bi de Blockflöte.* Wenn man ein Register zieht, bewegt sich eine sogenannte Schleife. So wird Winddruck vom Blasbalg auf eine Pfeifenreihe geleitet. Wenn man jetzt eine Taste drückt, öffnet sich durch eine mechanische Hebelübertragung ein Ventil: Der Luftstrom bringt die zur Taste gehörende Pfeife zum Klingen. So einfach ist das! Der Orgelwind kommt nicht vom heiligen Geist.

Abends zu üben ist am schönsten. Da gibt es keine Kirchenbesucher, die Lärm machen oder vom Organisten insofern Aufmerksamkeit verlangen, als er denkt, er müsse beim unbekannten Zuhörer unten im Kirchenschiff einen guten Eindruck machen. Nachts kann man experimentieren, kann die raffiniertesten und manchmal verrücktesten Registriermischungen ausprobieren und im elektronischen Gehirn des Instruments speichern. Tagsüber wird technisch geübt, oft auch nur am Klavier oder der Übungsorgel zu Hause. Nachts ist der Klangtüftler am Werk. Dann gehört die Kirche ganz dem Musiker, sie hört ihm zu, reflektiert, ja verstärkt die Töne. Der Hall ist anders als bei Tag. Und wenn nach Mitternacht Lärm und Geräusche von draussen verschwinden, entsteht nicht selten die besondere, geheimnisvolle Stimmung: Die Geister der Kirche, die geschnitzten Heiligen der Altäre erwachen und sind mit dem Kirchenmusiker verbunden. Magic organ. Nichts schöner und andächtiger dann, als eine süsse Hymne oder ein Choralvorspiel in die dunkle Kirche hinaus geschickt, in der nur das ewige Lichtlein leuchtet. Hieronymus im Gehäus! Die mystische Stunde Messiaens oder Bachscher Musikandacht: «Veni creator spiritus», «Nun komm der Heiden Heiland». Und wenn dann im Turm, im Dachreiter oder in der benachbarten Kapelle eine Glocke schlägt, dumpf, schellig oder hell, dann geht ein frommer Schauer durch das Herz des Organisten und er denkt: Es ist gut. Und spielt ein altes Lied mit einfachen, schönen Harmonien. Warum nicht das traurige Guggisberger Lied? «*Det unden i de Töifi, do gohd es Mühlirad, das mahlet nüt als Liebi, ir Nacht und au am Tag*», a-Moll, gesungen mit einem näselnden, melancholischen Oboenregister. Oder den wundermilden Choral «Ich ruf zu dir, Herr Jesu Christ» mit der Voix céleste und leichtem Tremulant. Spielt ihn innig-fromm, wie der Mönch beim nächtlichen Stundengebet. Auch Mönche sind nachts wohl offener für das Geheimnis, besinnlicher als in der Morgenfrühe oder in der Geschäftigkeit des Tages. Bruder Wolfgang am Pfeifengehäuse. Und wenn der cantus firmus «Wachet auf, ruft uns die Stimme» mit der satten Trompete in der Mittellage in die Dunkelheit hinaus schmettert, schallt und hallt es gar wunderlich. Und Leodegar, der blinde Schutzpatron, ist vielleicht so gerührt, *dass er droff ond dra ischt lutherisch-evangelisch z werde.*

Wenn es um Aufnahmen geht, dann ist die Zeit nach Mitternacht die beste. So ab zwei kann man ziemlich sicher sein, dass kein Alarmhorn, kein Anfahrgequietsche eines motorisierten Nachtbuben, kein aggressives Imponiergehabe eines Töfffahrers, kein überlauter Lautsprecher auf Vorbeifahrt an der Haldenstrasse mitten in ein Choralvorspiel hineinplatzt und ausgerechnet die beste Aufnahme zunichte macht.

James Joyce mit Ehefrau Nora, Hans Curjel und Carola Giedion-Welcker, Mitte der 1930er-Jahre

Auszug aus: *Orgelgewitter*, erschienen im Erzählband *Nachklang* von 2008. Dölf Steinmann wurde in Luzern geboren und unterrichtete am Gymnasium in Reussbühl. Er hat ein Leben lang immer auch über Luzern publiziert.

KASPAR SUBINGER
1884–1962

Die Feuertaufe

Den 27. Mai 1747 wurde Schmidlin zur Hinrichtung geführt. Wieder drängten sich Scharen neugierigen Volkes um den Zug, der sich gegen die Emme zu bewegte. Aber diesmal prasselte durchdringender Regen auf die Stadt und liess keine rechte Freude am gebotenen Schauspiel aufkommen. Den Anfang und den Beschluss bildeten fünfzig Bewaffnete, in der Mitte wurde Joggi geführt; vor ihm schritten geistliche und weltliche Würdenträger, neben ihm der Pater, dem seine Bekehrung geglückt war. Zum Glück liess man einen Karren, mit Stroh gepolstert, mitziehen; denn bald verliessen die Kräfte den gemarterten Körper, und er musste auf das durchnässte Gefährt geladen werden. Unterwegs, ja noch auf dem Richtplatz selbst, beichtete Sulzjoggi, hielt auch beständig das Kruzifix in Händen und bedeckte es mit Tränen und Küssen.

Die Platzmacher konnten sich kaum durchs Gedränge bahnen. Eichen und Buchen waren von Neugierigen behangen; der unaufhörlich niederrauschende Regen schien niemand zu hindern. Aller Augen waren auf den Henker, den Verurteilten und auf seinen Beichtvater gerichtet, und kein Mensch beachtete den Mann, unter dessen roter Zipfelmütze silberne Locken hervorquollen, der sich aber trotz seinem Alter nicht davon abhalten liess, einen Nussbaum zu erklimmen und mit hämischem Grinsen dem Schauspiel beizuwohnen. Für Friedli Dysler bedeutete diese Stunde die Erfüllung all seiner Rachepläne. Er hatte die Pietistenhetze angezettelt, er würde sich nachher auch um den klingenden Lohn für seine Mühe bewerben.

Aber auch das unruhig zuckende Gesicht Hans Salzmanns blieb unbeachtet, der sich mit einigen seiner Gesellen ins Gedränge gemischt hatte und Dysler nicht aus dem Auge liess. Eben wurde der Holzstoss aufgeschichtet und dann die Testamente und Psalmenbücher in schöner Ordnung obenaufgelegt. In der Mitte liess man einen freien Raum für den Leichnam Schmidlins, der – als Belohnung für die erzeigte Reue –

nicht lebendig verbrannt, sondern erst erwürgt werden sollte. Plötzlich kam Bewegung unter die trägen Gaffer ringsum. Man vernahm einen Schrei: Dysler war unversehens von seinem Aste gestürzt und unten erstochen worden. Und schon drangen die Mörder, blitzende Messer in den erhobenen Fäusten, gegen den Scheiterhaufen zu. Der Menge bemächtigte sich eine unsagbare Furcht: Man suchte in irgendwelcher Richtung davonzukommen, stiess sich gegenseitig hin und her; wer den Stand verlor, wurde rettungslos zertrampelt. Und zwischenhinein gellten die wilden Rufe von Salzmanns Gesellen, die ohne Schonung sich mit ihren Messern den Weg zu Joggi bahnten. Er musste um jeden Preis befreit werden! Der Wolkenbruch, der nun einsetzte, erhöhte die Verwirrung noch bedeutend.

Doch die hundert Bewaffneten waren nicht umsonst an italienischen Höfen gedrillt worden. Rasch erkannten sie die Lage und bildeten einen undurchdringlichen Ring um die Hauptpersonen. Aber Salzmann liess sich nicht abschrecken: Mit wütendem Sprung stürzte er sich auf die Soldaten – und wurde in wenigen Augenblicken von diesen zusammengehauen. Zugleich mit dem Fall des Anführers verlor sich der Mut seiner Getreuen; einige wurde auf der Stelle niedergemacht, andere überwunden und gefesselt, die meisten von ihnen entkamen in die umliegenden Wälder.

Joggi hatte den Befreiungsversuch kaum wahrgenommen. Er umklammerte sein Holzkreuz mit beiden Händen und schritt, bevor man ihn noch dazu aufforderte, zum Richtpfahl, wo der Henker seines Amtes waltete.

Unterdessen hatte sich die Menge wieder beruhigt. Dysler und die paar andern Umgekommenen, auch die Ohnmächtigen, wurden beiseite getragen, und jeder richtete sein Augenmerk auf den Gang der Hinrichtung. Der Regen hatte aufgehört, aber von den Bäumen perlten dicke Tropfen. Der Holzstoss und die aufgeschichteten Bücher waren so durchnässt, dass ihn keine Fackel entzünden konnte. Lange mühten sich die Henker vergeblich; zwischen seinen ketzerischen Schriften lag der armselige Leichnam des Gerichteten unversehrt. Nach einer Stunde fruchtlosen Wartens begaben sich die Zuschauer auf den Rückweg, und als endlich eine hohe Stichflamme die endgültige Vertilgung der Irrlehre im Luzernbiet kundtat, war ausser den schürenden Weibeln kein Mensch mehr auf dem Richtplatz. Und als – um auch die letzten Spuren des Gewesenen zu vernichten – die Aschenreste in die hochgehenden Fluten der Emme geworfen wurden, durchbrach die Abendsonne mit freundlichem Strahl das Regengewölk, und über der Stätte menschlichen Hasses spannte sich als Zeichen göttlichen Friedens ruhig der Regenbogen.

Ausschnitt aus der Erzählung *Die Feuertaufe*, erschienen in *Der Bauerngeneral. Erzählung aus dem Bernbiet* von 1941. *Die Feuertaufe* ist eine im Entlebuch bzw. um Wolhusen herum spielende historische Erzählung über den letzten grossen Ketzerprozess in der Schweiz gegen Jakob Schmidlin, genannt Sulzjoggi, der im Jahre 1747 in Luzern stattfand, wo Schmidlin auch hingerichtet wurde (auf der Richtstätte in Emmenbrücke). Kaspar Subinger ist ein Pseudonym von Emanuel Stickelberger.

LEO NIKOLAJEWITSCH TOLSTOI
1828–1910

Am Kai

Am Ende der Mahlzeit überkam mich wie immer eine traurige Stimmung; ich liess das Dessert stehen, verliess die Tafel und ging in ziemlich schlechter Laune in die Stadt. Die engen, schmutzigen, unbeleuchteten Gassen, die Läden, die eben geschlossen wurden, die Begegnungen mit betrunkenen Arbeitern und mit Frauen, die Wasser holten, und anderen Frauen, die bessere Hüte aufhatten und, sich fortwährend umblickend, an den Mauern entlang durch die Gassen huschten, vermochten meine düstere Stimmung nicht zu verscheuchen, ja, sie verstärkten sie nur. Es war schon ganz finster, als ich, ohne mich umzublicken und ohne an etwas zu denken, nach Hause ging in der Hoffnung, mich durch den Schlaf von der düsteren Stimmung zu befreien. Ich empfand eine schreckliche innere Kälte, jenes drückende Gefühl von Einsamkeit, das uns oft ohne jeden ersichtlichen Grund überfällt, wenn wir auf einer Reise in einen neuen Ort kommen.

Als ich, ohne nach rechts und links zu schauen, über den Kai zum Schweizerhof schritt, wurde ich plötzlich von den Tönen einer seltsamen, doch angenehmen und reizvollen Musik überrascht. Diese Töne wirkten augenblicklich belebend auf mich. Es war, als wäre ein helles, heiteres Licht in meine Seele gedrungen. Mir wurde wohl und froh ums Herz. Mein bereits eingeschlummertes Interesse erwachte und richtete sich von neuem auf alle mich umgebenden Gegenstände und Erscheinungen. Die Schönheit der Nacht und des Sees, die mir vorher gleichgültig gewesen waren, überraschte mich ganz plötzlich wie etwas ganz Neues. Unwillkürlich erfasste ich in einem Augenblick alles: den regnerischen Himmel mit den grauen Wolkenfetzen auf dem dunklen Blau, vom aufgehenden Mond beleuchtet; den dunkelgrünen glatten See mit den sich in ihm spiegelnden Lichtern; die fernen nebelgrauen Berge; das Quaken der Frösche aus Fröschenburg und die taufrischen Schreie der Wachteln am anderen Ufer. Doch unmittelbar vor mir, dort, wo die Töne erklangen, an der Stelle, auf die sich mein Interesse hauptsächlich richtete, bemerkte ich im Halbdunkel mitten auf der Strasse ein Häuflein von Menschen, die sich im Halbkreise drängten, und in einiger Entfernung vor ihnen ein kleines, schwarzgekleidetes Männchen. Hinter diesen Menschen hoben sich gegen den dunklen, grauen und blauen zerrissenen Himmel einige schwarze Pappeln des Gartens und die zu beiden Seiten des alten Domes aufragenden strengen Türme ab.

Ich kam näher, und die Töne wurden deutlicher. Ich konnte ganz klar die fernen Akkorde einer Gitarre unterscheiden, die lieblich in der abendlichen Luft nachzitterten, und einige Stimmen, die, einander ablösend, nicht das Thema sangen, sondern nur die Hauptstellen des Themas unterstrichen und hervorhoben. Das Thema war eine Art anmutige, graziöse Marsurka. Die Stimmen klangen bald in der Nähe, bald schienen sie aus der Ferne zu kommen; bald hörte ich einen Tenor, bald einen Bass und bald eine Fistelstimme mit gurrenden Jodlern. Es war kein Lied, sondern die meisterhafte Skizze zu einem Lied. Ich konnte gar nicht verstehen, was es war; doch es war schön. Die wollüstigen, leisen Akkorde der Gitarre, die anmutige, leichte Melodie und die einsame Figur des schwarzen Männchens inmitten der phantastischen Szenerie des dunkelnden Sees, des durch die Wolken hindurchschimmernden Mondes, der beiden schweigsam in die Luft ragenden Türme und der schwarzen Pappeln des Gartens – all dies war seltsam, doch unaussprechlich schön, oder es schien mir wenigstens so.

Auszug aus der Erzählung Luzern. *Aus den Aufzeichnungen des Fürsten D. Nechljudow.* Erschienen 1857. Hinter der Figur des Fürsten Nechljudow steckt zu grossen Teilen Leo Nikolajewitsch Tolstoi selber, der 1857 Luzern besuchte.

ALEXANDER IWANOWITSCH TURGENEW
1784–1845

Brief aus Florenz nach Simbirsk

Mittags setzte ich mich in die Postkutsche und kam gegen Abend, d. h. zum Abendbrot, in Luzern an. Hier ist mir besonders der Gasthof mit seinen drei hübschen Wirtinnen, den Töchtern eines ehrlichen Wirtes, im Gedächtnis haften geblieben. Man führte mich in den grossen Schankraum, wo ich Engländer vorfand, die für die drei grazilen Schwestern Wolle wickelten. Eine begann, ein extra Abendbrot für mich zurechtzumachen, ich aber setzte mich an den Tisch der Wirtsleute und hatte mich zum Ende des lustigen Abends hin zärtlich mit meiner Nachbarin angefreundet. Sie begleitete mich nach alter schweizerischer Sitte bis zur Schwelle meines Schlafzimmers, und wir verabredeten uns, am nächsten Morgen gemeinsam zu frühstücken. Am 31. Oktober machte ich mich früh am Morgen auf den Weg zum Domherrn Businger, dem Verfasser der besten Beschreibung Luzerns und seiner Umgebung. Luzern ist zwar ein katholischer Kanton, aber es gibt auch Protestanten. Die Hausmagd empfing mich mit den Worten: «Der Domherr schlummert noch» – à cette replique j'ai reconnu l'église. «Wann steht er denn auf?» – «Genau um acht Uhr. Dann geht er sofort zur Kirche!» – «Könnte man nicht versuchen, ihn um halb acht zu wecken? Ich bin auf der Durchreise und hätte gern den gelehrten Prälaten kennengelernt.» – «Ich will es versuchen», sagte die Magd. Der Kanonikus kam, und wir unterhielten uns eine halbe Stunde lang über viele Dinge. Er schenkte mir sein interessantes Buch und schien sich nicht mehr über die Magd und mich zu ärgern, wo wir ihn doch eine halbe Stunde zu früh Morpheus' Armen entrissen haben, denn er verabschiedete mich mit den Worten: «Ich sehe schon, wess Geistes Kind Sie sind.» Ich eilte zum Frühstück mit meiner Aloise, warf aber noch einen Blick auf den sterbenden Löwen, den man nach einer Zeichnung von Thorwaldsen in den Felsen gehauen hatte, als Andenken an die Schweizer, die Frankreich ihr Leben liessen, als sie an der Seite des französischen Königs kämpften. Einer der schweizerischen Offiziere hat dieses Denkmal seinen gefallenen Kameraden gewidmet. In der Kapelle, in deren Nähe der Löwe steht, werden die Namen der Opfer aufbewahrt. Der Löwe sieht aus, als wäre er lebendig und liege im Sterben. Der Felsen, aus dem er herausgehauen wurde, wird von klarem Wasser umspült. Ein Invalider der Schweizer Truppen, der jetzt Wächter des Denkmals ist, zeigte mir seine königliche Uniform mit einer Medaille, die er aus den Händen von Ludwig XVIII. empfangen hatte.

Alexander Iwanowitsch Turgenew war mehrere Male in der Schweiz. Dieser Brief stammt von 1833. Turgenew befand sich auf der Reise von Genf nach Florenz und beschrieb diese dreiwöchige Reise seinem Cousin, der in Simbirsk wohnte (daher der Titel). Der Brief wurde vom Autor für die Veröffentlichung vorbereitet und erschien in der Zeitschrift «Moskowski nabljudatjel» im Jahre 1835. Weil Turgenew es ablehnte, sich von dem «Verbrecherischen» loszusagen, verbrachte er seine letzten zwanzig Jahre im Ausland, 1827–1845. Mit seinen Freunden verband ihn nun nur noch ein Briefwechsel. Ursprünglich erschienen so viele Briefe Turgenews in russischen Zeitungen, später gesammelt in der Chronik eines Russen. Domherr Businger: Josef Maria Businger (1764–1836), Schweizer Historiker und Pädagoge.

MARK TWAIN
1835–1910

Bummel durch Luzern

Die meisten Leute [*in Luzern; Anmerkung des Hg.*], Männer und Frauen, tragen Wanderkleidung und führen Alpenstöcke mit sich. Allem Anschein nach gilt es in der Schweiz selbst in der Stadt als zu gefährlich, ohne Alpenstock zu gehen. Falls ein Tourist es vergisst und ohne seinen Alpenstock zum Frühstück herunterkommt, geht er zurück und holt ihn und stellt ihn in die Ecke. Ist seine Schweizer Rundreise beendet, wirft er diesen Besenstiel nicht weg, sondern schleppt ihn mit nach Hause bis in den fernsten Winkel der Erde, obwohl es ihn mehr Geld und Mühe kostet, als ein Säugling oder ein Reisebegleiter ihn je kosten könnten. Der Alpenstock ist nämlich seine Trophäe; sein Name ist in ihm eingebrannt; und falls er mit ihm einen Berg erklommen, einen Bach übersprungen oder eine Ziegelei durchquert hat, werden die Namen dieser Örtlichkeiten ebenfalls eingebrannt. Demnach ist er sozusagen seine Regimentsfahne; er kündet von seinen Errungenschaften. Er ist drei Schweizerfranken wert, wenn er ihn kauft, aber nicht einmal mit einer Goldgrube wäre er zu erstehen, wenn einmal seine Heldentaten in ihm eingegraben sind. Überall in der Schweiz gibt es Handwerker, deren Handwerk darin besteht, dass sie diese Dinge in die Alpenstöcke der Touristen einbrennen. Und wohlgemerkt, den Respekt, den man den Menschen in der Schweiz zollt, hängt von seinem Alpenstock ab. Ich musste feststellen, dass niemand mich auch nur beachtete, solange ich einen ungezeichneten trug. Das Brennen ist jedoch nicht teuer, also war der Schaden schnell behoben. Die Wirkung auf die nächste Reisegesellschaft war bemerkenswert. Ich fühlte mich für meine Mühe belohnt.

***

Die Hofkirche ist berühmt für ihre Orgelkonzerte. Den ganzen Sommer über strömen die Touristen abends gegen sechs Uhr zu ihr hin, bezahlen ihren Franken und lauschen dem Lärm, nicht dem ganzen allerdings. Sie stehen irgendwann auf und trampeln über den laut hallenden Steinboden hinaus, wobei sie Zuspätgekommenen begegnen, die mit lebhaften und laut hallenden Schritten hereingetrampelt kommen. Dieses Raus- und Reingetrampel hält fast die ganze Zeit über an und wird von dem ununterbrochenen Türenschlagen und dem Husten und Bellen und Niesen der Menge mit Akzenten versehen. Unterdessen dröhnt und kracht und donnert die grosse Orgel daher und tut ihr möglichstes, um zu beweisen, dass sie die grösste und lauteste Orgel Europas ist und eine enge, kleine Schachtel von Kirche der günstigste Ort zur rechten Würdigung ihrer Fähigkeiten. Zugegeben, es gab hin und wieder ein paar leise, sich erbarmende Passagen, aber das Trapp-Trapp der Touristen gestattete einem sozusagen nur einen flüchtigen Blick auf sie, und schon liess der Organist seine nächste Lawine los.

Luzerns Handel liegt hauptsächlich auf dem Gebiet des Firlefanzes von der Andenkensorte; die Läden sind mit Bergkristall, Ansichtskarten und Holz- und Elfenbeinschnitzereien vollgestopft. Ich will nicht verschweigen, dass Miniaturnachbildungen des «Löwen von Luzern» in ihnen zum Verkauf ausliegen. Millionen davon! Aber jede einzelne ist eine Schmähung. Das majestätische Pathos des Originals hat ein subtiles Etwas, das der Kopist nicht wiedergeben kann. Selbst der Sonne gelingt es nicht – Fotograf und Bildschnitzer liefern beide einen sterbenden Löwen und weiter nichts. Die Form stimmt, die Haltung stimmt, die Proportionen stimmen, aber es fehlt dieses nicht zu beschreibende Etwas, das den Löwen von Luzern zu dem traurigsten und bewegendsten Stück Stein auf der Welt macht.

***

Früher ein beliebtes Souvenier: handgeschnitze Kopien des Löwendenkmals

Wir kauften keine hölzernen Nachbildungen des Luzerner Löwen und auch keine aus Elfenbein oder Marmor oder Kalkstein oder Zucker oder Schokolade oder gar irgendeine fotografische Beleidigung. Diese Kopien waren so allgemein, so allgegenwärtig in den Läden und überall, dass sie für das ermattete Auge schon bald unerträglich wurden, wie der neueste Gassenhauer gewöhnlich für das geplagte Ohr. Auch die Schnitzereien anderer Art, die so reizend anzusehen waren, wenn man sie hier und zu Hause sah, begannen uns in Luzern bald zu ermüden. Wir wurden es sehr leid, immerzu hölzerne Wachteln und Hühner um Zifferblätter herumpicken und -stolzieren zu sehen.

***

Am ersten Tag hätte ich hundertfünfzig von diesen Uhren gekauft, hätte ich nur das Geld gehabt – und drei kaufte ich tatsächlich, aber am dritten Tag hatte die Krankheit sich ausgetobt, ich war genesen und abermals auf dem Markte – mit dem Versuch, meine Erwerbungen zu verkaufen. Ich hatte leider kein Glück, was vielleicht gar nicht mal so verkehrt war, denn diese Dinger werden zweifellos recht hübsch aussehen, wenn ich mit ihnen zu Hause ankomme.

Auszug mit Auslassungen aus: *Bummel durch Europa*. Original: *A Tramp Abroad*, erschienen 1880. Mark Twain, eigentlich Samuel Langhorne Clemens, bereiste Europa 1878 / 1879, in Luzern war er 1878. Das Buch beschreibt die Reise durch Europa mit seinem Freund Harris, einem Charakter, der für das Buch erfunden wurde. Der Erzähler (Twain) spielt im Buch die Rolle des Touristen, der meint, alles, was er sieht, vollkommen zu verstehen; tatsächlich deutet er fast alles «falsch». Diese Methode einer möglichen Kritik ist seither oft kopiert worden.

JOHANN MARTIN USTERI
1763–1827

Der Storch von Luzern

Was rennt durch die Strasse die ängstliche Schar?
Was deutet das dumpfe Getöse?
Horch! furchtbar verkünden vom Turm die Gefahr
Des Feuerhorns grässliche Stösse,
Und näher und ferner, Gass' aus und Gass' ein,
Hört lauter und lauter man «Feuer!» jetzt schrein.

Und fürchterlich über die Giebel erhebt
Sich wirbelnd die rotbraune Säule;
Und, Hülfe zu bringen, die Menge nun strebt,
Verachtend in mutiger Eile
Die stürzenden Balken, die sengende Glut,
Und rettet die Menschen, und rettet ihr Gut.

Ach, aber wer ist dort die weisse Gestalt,
In rauchende Wolken versunken?
Wo wilder es wirbelt und qualmet und wallt,
Durchzuckt von hell leuchtenden Funken?
Die Störchin, die arme, umkreiset ihr Nest –
Die hülflosen Jungen, die halten sie fest.

Und Mitleid ergreift alle Menschen, man sucht
Durch Werfen von Steinen und Stecken,
Durch lautes Gelärme den Vogel zur Flucht
Vom rauchenden Giebel zu schrecken.
O eitles Beginnen! Wo sparet der Mut
Der Mutter, beim sterbenden Kinde, das Blut?

Und schwärzer und dichter bricht's oben hervor,
Hoch schlagen die leuchtenden Flammen;
Schon züngeln sie prasselnd am Reisig empor,
Bald stürzt jetzt der Giebel zusammen;
Und Hoffen und Hülfe die Störchin verlässt,
Sie sinkt, ihre Flügel verbreitend, aufs Nest.

Und – «Jesus Maria!» schallt's ängstlich, und kalt
Durchschauert's die Menge, denn oben
Erblickt sie im Rauch eines Jünglings Gestalt,
Den sprühende Funken umstoben;
Es hat sein hochschlagendes Herz ihn gemahnt
Und kühn durch die Flammen den Weg ihm gebahnt.

Und Tausende beten: «Belohne den Mut!»
Und jauchzen: «Das Ziel ist errungen!»
Hoch hält er empor die gerettete Brut,
Und es folgt die Mutter den Jungen –
Und jubelnd von brennender Leiter er springt,
Und jubelnd die Menge den Helden umringt.

Und wo er jetzt wandelt in Stadt und in Land,
Ihm lohnende Blicke begegnen;
Es schütteln ihm Männer die kräftige Hand,
Die Herzen der Frauen ihn segnen.
Ha, böt' ihm ein König für das einen Thron,
Er lachte wohl über den ärmlichen Lohn!

Es haben die Bücher die männliche Tat
Mit Freuden der Nachwelt verkündet;
Doch – ungern erzähl' ich es – niemand noch hat
Den Namen des Täters ergründet;
Doch fehlt uns darüber auch jeder Bericht,
Im Buch der Vergeltung, da fehlet er nicht!

Brand in Luzern, 1340

Erstmals veröffentlicht in *Dichtungen in Versen und Prosa*, das 1831 posthum erschien. Gedichtet wurde das Lied 1815. Johann Martin Usteri sang Sagen und Balladen selbst vor, *Der Storch von Luzern* ab 1815.

IVAN VAZOV
1850–1921

Luzern

Im dichten Gewimmel des bunten Gesindels,
verlockt durch dein glückliches Ufer, Luzern,
durch kühlenden Schatten, kristallenen Schimmer,
verweil ich – und schweig ich – am Abend so gern.

Gemisch der verschiedensten Sprachen und Stämme,
Gesichter und Kleider aus jeglichem Land!
O, eitle und leere, stets heitere Menge,
o, lachender, fröhlicher, bunter Verband!

Doch unter den frohen Gesichtern verborgen
ist Kummer und Leid, ist Bedrängnis und Last,
sind blutige Wunden, sind heimliche Sorgen,
und Herzen, von Liebe gepeinigt und Hass!

Hier hab ein geschlagenes Herz ich gefunden ...
Gebt, Alpen, kristallenes Wasser, o gebt
ihm Frieden, Vergessen – und heilt seine Wunden,
gib, Liebe, auch du, dass es ruhig nun lebt! ...

Der bulgarische Schriftsteller Ivan Vazov schrieb das Gedicht *Luzern* 1893 für sein gescheitertes Projekt *Alpenbuch*; veröffentlicht wurde es zum ersten Mal in der Zeitschrift «Svetlina» in Sofia 1895. Vazov bereiste die Schweiz in den Jahren 1893, 1911 und 1914. Auf der ersten Reise war er von Juni bis August in Luzern und Chamonix. Damals plante er, ein ganzes Buch unter dem Titel *Alpijska kniga* (Alpenbuch) herauszugeben. Dieses kam jedoch nicht zustande. Stattdessen veröffentlichte er 1893 seinen Reisebericht *Pilat – Svejcarski belezki* (*Pilatus – Schweizer Notizen*, nicht auf Deutsch übersetzt), die Schilderung eines Ausflugs von Luzern auf den Pilatus und des Geschicks der Schweizer, ihre Naturschönheiten touristisch zu vermarkten.

CHRISTINA VIRAGH
* 1953

Der Pilatus

Das sind die Föhntage, an denen die Berge so nahe scheinen, dass es früher hiess, der Pilatus sei unterwegs in die Stadt, er werde erst am linken Reussufer stehenbleiben. Alles wird niedergewalzt, was sich westlich des Flusses befindet, Kriens, das Paulus-Viertel, die Neustadt, die linksufrige Altstadt, die Gebäude am Reussquai, Regierungsgebäude, Jesuitenkirche, Freienhof. Das ist eine der Geschichten, die verboten wurden, aber noch in einem Lesebuch von 1912 findet man sie. Es heisst, an Föhntagen solle man achtsam sein und aufmerken, wenn sich ein Schatten über die Stadt lege, denn das sei der Schatten des kommenden Bergs. Kein Wunder, dass die Geschichte mehr als einmal Panik ausgelöst hat, und man wüsste gern, was für Leute die Autoren des Lesebuchs sind. Ein Hans Zwyssig empfiehlt im Vorwort den Kindern, aus den Geschichten Lehren zu ziehen, im Nachwort mahnt ein Peter Zwyssig, «jetzt, wo wir alles wissen», sollen wir auch etwas tun, zum Beispiel den zweiten Band kaufen, dessen Erscheinen er in Aussicht stellt. Wie aus einem Katalog hervorgeht, ist er 1914 tatsächlich erschienen, aber man kann auf Buchbörsen und in Antiquariaten danach suchen, solange man will, man findet ihn nicht. «Der Jubeltag», so war er betitelt, im Untertitel: «Folgeband der Geschichten aus Luzern». Von diesen Geschichten sind einige altbekannt, die Geschichte vom Vieh, das von Geistern belästigt wird, die Geschichte von Hans Buchmann, der sich in Mailand wiederfindet, die Geschichte von Frau Hag, die sich von der Sträggele auf ihrem Ritt durch die Luft mitnehmen lässt, herunterfällt und auf einer Bergweide für alle Zeiten festwächst. Das alles sagt noch nicht viel über die Autoren, höchstens fällt einem auf, dass sie ihre sprachlichen Ticks haben. Das Wort «eigen» verwenden sie zum Beispiel in der Bedeutung von «seltsam, besonders», so dass der «eigene Turm» den seltsamen, besonderen Turm bedeutet, womit der verdrehte Turm der

Der Pilatusdrachen nach Cysat

Stadtmauer gemeint ist, und der Name des an der Pilatus-Nordflanke gelegenen Eigenthals wird damit erklärt, dass es dort seltsam zugehe. Allerdings müsste dann auch noch anderes so heissen, etwa Eigenweid, Eigenort, Eigenbach, Eigendorf, Eigenmoos, Eigenstadt. Man wolle also auf diese Etymologie doch nicht zuviel geben, das Eigenthal heisse vielleicht wegen seiner Ödnis so. Das Wort «öd» kommt auch in der Geschichte vom Föhntag («Der Föhntag») mehrmals vor, öd sei der Blick vom verschobenen Berg auf die verwüstete Stadt, öd sei es auf den Bergweiden, weil bei der Verschiebung viel Granit lose geworden sei, öd sei es denen ums Herz, die nicht rechtzeitig hinunterkonnten, denn jetzt gibt's kein Hinunter mehr, der Weg nach unten ende direkt in der reissenden Reuss. Auch der Nyüg, eine bekannte Sagengestalt, ist oben steckengeblieben. Obwohl er kürzere Strecken fliegen kann, wäre er mit dem Sprung vom Berg überfordert. Seine andere Fähigkeit, nämlich auf Distanzen Feuer entstehen zu lassen, nützt ihm auch nicht viel. In den Nächten sieht man zwar da und dort auf dem Berg feurige Punkte, aber was der Nyüg damit will, ist nicht klar. Sind es Signale, oder kehrt er seine bösartige Seite hervor? Er, der in Winternächten so lustig durch die Furrengasse ging? Doch eines Nachmittags gibt es auch unten in der Stadt Feuer, das man, da alles im Schatten liegt, von weitem sehen kann. Schaut der Nyüg von oben zu und freut sich daran? Man beschliesst eine Prozession an den Fuss des Berges, gefährliche Fahrt über die reissende Reuss, die niemand unternehmen will, bis sich vier Frauen bereit erklären. Sie steigen bei der Kapellbrücke in ein Boot, steuern auf die Stelle zu, wo die Jesuitenkirche gestanden hat, und wie sie am Fuss des Berges ankommen, erschrecken sie sehr, weil sie nicht damit gerechnet haben, dass er so riesig in die Höhe ragt. Sie vergessen, was sie hier wollten, und versuchen wieder wegzukommen, zurück ans rechte Ufer. In der Flussmitte ist die Strömung besonders stark, weiter unten ist das Wehr, wenn es ihr Boot dahin mitreisst, dann gute Nacht. Sie rudern verzweifelt, und es gelingt ihnen, auf der Stelle zu bleiben, aber vorwärts kommen sie auch nicht. Da sind sie heute noch, an Föhntagen kann man sie manchmal sehen.

Auszug aus dem Roman *Pilatus*, erschienen 2003. Christina Viragh musste 1956 mit ihrer Familie ihre ungarische Heimat verlassen und zog 1960 nach Luzern um, wo sie auch aufwuchs. Christina Viragh lebt und arbeitet heute in Rom.

ALBRECHT VON BONSTETTEN
um 1442/1443 – UM 1504

Permuniti oppidi Lucernensis

Lucernensium muenia sunt visu delectabilia, a parte una monticulos habentes, qui plurinum urbi imminent, in summo vertice muro forti munitos et turribus, capita versus nubila ponentes. Russa, annis aurifluus, medium urbis e lacu vicino perfluit quatuor pulcherrimis pontibus virum in modum ornata. Cerere abundat, sed non victilio, nisi istic conducto. Cacumina Fractimontis propinqui ingentisque altitudinis videntur, in quibus quondam ad stagnum damnatus Pontius perjuratus esse dicitur; quare alio nomine et vulgariori mons Pylati vocitatur. Is horrisonas ferens tempestates cum tribulis acutis habitatio ferarum est, desertum quoque formidabile. Ab altera parte Regine montium, ab aliis vero Ergaudensium climata sunt. Lucernam estimo a priscis dictam, quasi omnibus aliis circumvicinis oppidis amoenitate et fortitudine tanquam lucerna prelucens. Est quoque oppidum vetustissimum olim a quodam duce Svevorum, ut asserunt, fundatum, in quo ecclesia collegiata sita, quam in brevi tempore coenobite de ordine nigrorum monachorum inhabitare solebant. Lucerna gente non parva est in vicinitate residente, ultra novem milia bellicosorum potens. Bellicose ad modum civium turme sunt jocunde, et juventus Veneri et luxu inclinata. Arma eorum ista sunt: clipeus in medio a summo ad infimum directe divisus, a parte dextra blavii et sinistra nivei coloris. Est et umbelicus terrarum Confoederatorum Lucerna; quare creberrime in ea civitate ambasiatores conveniunt Complicatorum, istic dietas et interlocutoria eorum celebrantes. Hec parumper de Lucerna.

Die vil vest stat Luzern

Die Luzernischen zinnen sint lustig der gesicht, uf einer siten einen berg habent fast in die stat hangend, uf siner höhe mit starker mure verwallen und mit hohen thürnen, die iren gibel gen dem wolche erhebent. Die Rüs, ein rechter goldfluss, rint dahar us dem see durch das mittel der statt, mit vier schönen brucken ze mal kostlich gezieret. Luzern mag wol korn haben, aber nit win, dann allein dahin gefürt. Die spiez des Frackmont sint da nach und werdent einer grossen höhe gesechen, uf die in eim sewly der verdampnote Poncius besweren sin. Man redet deshalben, der gedacht berg in gemeinrem namen Pilatusberg geheyssen wirt. Der fürt ungestüme gewitter, und mit ruhen, scharpfen ecken ist der ein rechte wonunge wilder tieren und ze mal ein forchtsam und greuenlich wilde. Zuo der andern siten lit der berg Riggena und zuo der dritten sitt die nachburschaft vom Ergöw. Darum schecz ich es sin Luzern von alter har geheyssen, das es allen andern in der art schlossen von lust und starke glich als ein lucern vorschine und übertreff. Luzern ist ein alt geschloss, ettwan von einem herzogen von Swaben (als man redt) gestiftet. Darin lit ein collegium von chorherren, kurzlich sant Benedicten ordens gewesen. Luzern hat vil volkes und die ouch innen zuogehörig und usserthalben in nehe wonent, vermag es by nün tusent mannen ze velde. Die burger allda sint stritbar und küne, fast frölich der minne und dem wibe geneigt. Ir stattwappen ist also ein schilt durch das mittel ufgeteilet, uf der rechten siten blauer und der linken wisser farwe. Luzern ist ouch der recht nabel und das ware mittel der Eidgnosschaft, desshalb oft in der selben statt ir ambasiatores versamlet werdent, ir tag und underredunge alda habende. Das sy kurz von Luzern.

Typischer Blick auf Luzern im 19. Jahrhundert

Es handelt sich um den Teil zu Luzern in einer landeskundlichen Beschreibung der acht alten Orte der Eidgenossenschaft, geschrieben 1479. Das Werk ist sowohl auf Latein wie Deutsch verfasst. Albrecht von Bonstetten war Dekan des Klosters Einsiedeln.

AGNES VON SEGESSER
1884–1964

Die unvermeidliche Fastnacht

Zwischen Hangen und Bangen, und der schwelenden Ungewissheit zum Trotz, zollten die Luzerner der unvermeidlichen Fastnacht ihren Tribut. Die Spannung war einer gemächlichen Ruhe gewichen. Nachrichten über das Weltgeschehen kamen nur langsam und spärlich in die Stadt. Dem Gebot der Stunde schien mit dem Rücktritt der Regierung Genüge geleistet zu sein, und die luzernische Sorglosigkeit kümmerte sich viel lieber um Maskenscherz als um drohende Gefahren. Schienen diese doch an den Kantonsgrenzen haltzumachen.

Im Hause zum «Affenwagen» am Fischmarkt liess der Stubenherr der adeligen Gesellschaft der Herren zu Schützen, der joviale Junker Xaver Schwytzer von Buonas, die üblichen Tanzabende halten und den grossen Ball des «Schmutzigen Donnerstags» vorbereiten. Wenn auch die ältern Mitglieder und die den Neuerungen abgeneigten Familien weniger Lust zum Tanzen verspürten, so überwand zuletzt der Luzerner Fastnachts-Narrengeist die anfänglichen Hemmungen dieser Zögernden. Auch war man keineswegs gesonnen, den jungen «Patrioten» und den siegesbewussten fremden Gästen das gesellschaftliche Feld im bisher streng geschlossenen Kreise zu räumen. Schliesslich waren noch so und so viele kleine Courmachereien und Neigungsangelegenheiten im Tun, so dass die berühmte Luzerner Geselligkeit auf dem Vulkan des Frühjahres 1798 sich recht vergnügte Fastnachtstage zu gestalten verstand.

Es sollten für Jahre hinaus die letzten ihrer Art sein.

Der traditionelle Ball des Fastnachts-Donnerstags insbesondere sollte ein letztes Aufleuchten des alten Glanzes bringen, schöne Frauen und stolze Kavaliere das Fest zu einer unwiederbringlich herrlichen Augenweide werden lassen. Vollendet feine Manieren verrieten den Einfluss des französischen Hoflebens, und der Jugend überschäumende Begeisterung schuf eine sprühend-frohe Stimmung, die unwillkürlich auf die Skeptischern übersprang.

Am Abend dieses Fastnachts-Donnerstags stand der Stubenherr Schwytzer von Buonas mit seiner feinen Gemahlin Jakobea von Sonnenberg im Vorsaale der Gesellschaftsräume. Mit Knix und Handküssen gingen hier die Begrüssungen der edlen Damen und Herren vor sich; die Jeunesse dorée Luzerns schien entzückt zu sein, dass nach all den unerquicklichen Aufregungen der letzten Tage ein Abend des vergnüglichen Tanzes und ungehemmter Fröhlichkeit bevorstand. In vereinzelten Akkorden ertönten bereits Bombardon und Geigen; die Musikanten stimmten die Saiten und begannen dann auf das Zeichen des Stubenherrn die Tanzweisen mit einem Menuett. Nach der ersten Runde kamen neue Gäste; die Eltern stellten Töchter und Söhne vor, die zum erstenmal «ausgingen». Mauritius An der Allmend schwänzelte siegesbewusst zwischen den plaudernden Gruppen umher und begann alsobald der bildschönen Fräulein Sibylle von Fleckenstein unmissverständlich den Hof zu machen. In den Sofaecken tuschelten die jungen Freundinnen und die ältern Basen um die Wette. Junker Melchior An der Allmend, der Vater, beobachtete das frohe Treiben; er stand bei der offenen Türe des Saales und drehte seinen Dreispitz in den Händen. Wie sein Sohn an ihm vorbeihuschen wollte, ergriff er sachte seine Hand und erkundigte sich, ob er seinen Grusspflichten schon nachgekommen sei.

«Auch die ältern Damen der Gesellschaft, hörst du, Mauritius, ich dulde diese neuartigen Jakobiner-Grobheiten nicht; es geht nicht an, dass sich junge Menschen im Saale tummeln, ohne alle Anwesenden gegrüsst zu haben. Das möget ihr im Kaffeehaus so halten; in einer geschlossenen feinen Gesellschaft ist es ungehörig.»

«Sei unbesorgt, Papa, ich weiss, was sich für den Sohn meiner würdigen Eltern geziemt, du sollst dich deines Sohnes nicht zu schämen haben.»

An der Allmend nickte befriedigt und schaute mit unverhohlenem Stolz dem davoneilenden hübschen Burschen nach, dessen eleganter Gestalt die kleidsame Tracht des Hofes von Versailles ausserordentlich gut stand. Nun aber nahm der Stubenherr den Freund Melchior in Anspruch.

«Sei so gut und hilf mir die Tischordnung bereinigen, es sind wieder unangemeldete Persönlichkeiten erschienen, die mir meine Dispositionen über den Haufen geworfen haben.»

Und dann setzten sich die beiden Herren an eines der kleinen Tischchen und notierten Rang und Würden der anwesenden Damen und Herren, die, sorgfältig zusammengestellt, eine ergötzliche und korrekte Unterhaltung beim Souper gewährleisten sollten.

Historische Aufnahme der Fritschi-Familie

Auszug aus dem historischen Roman *Als die Zöpfe fielen* von 1945. Agnes von Segesser lebte in Luzern.

RICHARD WAGNER
1813–1883

Ich habe viel erlebt

Das war recht freundlich von Ihnen, liebes Kind, dass Sie mir einmal Nachricht gaben, und ich will sehen, was ich Ihnen von mir dagegen zu sagen weiss. Dass der Cousin nun zurückgekehrt sein wird, führt Ihnen gewiss auch manches Neue zu, und gern wünschte ich von seinen Berichten aus meiner Geburtsgegend und Jugendheimat auch etwas zu profitieren. Nach Dresden kam er wohl auch? Lohengrin entging ihm dort: Der soll, wie ich höre, erst in der zweiten Hälfte dieses Monates herauskommen.

Ich habe währenddem viel erlebt. Vor allem: – Heute vor acht Tagen bin ich ausgezogen worden, d.h. man liess mich ausziehen und transportierte mich auf No. 7 im 2. Stock des «Ur-Hotels», in die «Unabhängigkeit» – Indépendance. Ich komme mir ziemlich degradiert vor, ungefähr wie Graf Giulay seit Magenta; an meinen freundlichen grossen Salon in der «Abhängigkeit» darf ich gar nicht mehr denken. Am schmerzlichsten aber war mir's, dass ich hier meiner Markgräfin entsagen musste: Der republikanische Unmensch von Wirt verbot mir ihren ferneren Umgang. So ist's denn um mein schönes Morgenstündchen am offenen Fenster geschehen: Ein zugelassener Laden sperrt mich gegen die Sonne ab, und ich kann mir zur Not einbilden, ich sässe im Zuchthaus. Da sehen Sie aber, dass ich noch nicht so verweichlicht und verzogen bin, wie mich mancher ausschreien möchte. Das alles ertrage ich in guter Stimmung, da sich meine Gefangenen, Tristan und Isolde, nun bald ganz frei fühlen sollen; und so entsage ich denn jetzt *mit* ihnen, um *mit* ihnen frei zu werden. Ich bin meist doch jeden zweiten Tag wenigstens glücklich in der Arbeit: Dazwischen habe ich gewöhnlich einen minder guten Tag, weil der gute Tag mich immer übermütig macht und ich mich dann in der Arbeit übernehme. – Das Angstgefühl, als ob ich vor der letzten Note sterben würde, habe ich diesmal nicht: Im Gegenteil bin ich der Vollendung so sicher, dass ich vorgestern auf dem Spazierritt sogar schon ein Volkslied drauf machte. Nämlich:

> *Im Schweizerhof zu Luzern*
> *von Heim und Haus weit und fern –*
> *da starben Tristan und Isolde,*
> *so traurig er, und sie so holde:*
> *Sie starben frei, sie starben gern,*
> *im Schweizerhof zu Luzern –*
> *gehalten von Herrn*
> *Oberst Seegessern –*

Das macht sich, auf eine Volksmelodie gesungen, recht gut: Der Vreneli habe ich's am Abend vorgesungen. Ich würde es dem Wirt verehren, wenn er mir nicht die Markgräfin verboten hätte. – Vreneli ist aber hier mein Schutzengel; sie intriguiert und wendet alles an, um mir unruhige Nachbarn vom Halse zu halten: Kinder dürfen sich in der ganzen Etage nicht einstellen. Auch hat mir Joseph die Türe zum Nachbarzimmer mit einer Matratze verstopft, und drüber eine meiner Gardinen gehängt, was meinem Zimmer ein ganz stattliches, theatralisches Aussehen gibt. Bin ich nun erst mit meiner Arbeit fertig, so schwindet dann der wichtigste Grund für meine Ansprüche an die Wohnung.

Ausblick von Tribschen

Auszug aus einem Brief an Mathilde Wesendonck vom 9. Juli 1859. Richard Wagner, seit 1849 politischer Flüchtling, hielt sich mehrmals in der Schweiz auf. Die enge Beziehung zur ebenfalls verheirateten Mathilde Wesendonck geriet zum Familien-Skandal; Wagner konnte deswegen schicklicherweise nicht in Zürich bleiben, wo Wesendonck in jener Zeit lebte. Er schrieb ihr aber unter anderem von Luzern aus regelmässig Briefe. Der Komponist stieg am 29. März 1859 im Schweizerhof in Luzern ab, wo er bis zum 7. September blieb. Wagner liess sich dann 1866 in Tribschen nieder; er gab das Haus 1872 auf und zog nach Bayreuth. Wagner sah sich auch als Dichter, deshalb ist er hier vertreten. Oberst Seegessern: Eduard Segesser von Brunegg (1811–1868) war der Besitzer des Hotels Schweizerhof. Vreneli: Vreneli Stocker-Weidmann (1832–1906) war Wagners Bedienung im Schweizerhof und wurde später seine Haushälterin.

OTTILIE WILDERMUTH
1817–1877

Das Mondloch

Gespensterfurcht plagte den Sepp gar wenig; was ihn mehr als die Geheimnisse des See's anzog, das war das Mondloch, eine tiefe Höhle, die durch den Felsen geht, aus der aber so todeskalte Luft strömt, dass es nicht möglich ist, tief in sie einzudringen. An der andern Endung erweitert sich dies Loch in die Dominikshöhle, in der man von fern ein Steinbild sieht, dessen räthselhafte Erscheinung schon viele Forscher beschäftigt hatte. Es ist die riesenhafte Gestalt eines sitzenden Mannes, vom Volke der heilige Dominik, den Viele für ein seltsames Naturspiel, Mehrere noch für ein Werk von Menschenhand halten, genannt. Die Höhle, von schroffen, vorspringenden Felsen umgeben, ist auch dem kecksten Bergsteiger unzugänglich, und so wäre hier ein Bild von Menschenhand ein unerklärliches Räthsel.

Sepp, der so oft schon Fremde hierhergeleitet, ihre Streite und Vermuthungen über diese Erscheinung gehört, musste sich selbst Tag und Nacht mit dem Gedanken plagen, wie wohl das Räthsel zu ergründen sei.

Einmal gelang es ihm, bis auf den Rand des überhängenden Felsen zu kommen, der von oben die Höhle deckt; keck wie kein Anderer, befestigte er ein Seil an den Felsenzacken und liess sich daran hinab, so dass er über der Höhle schwebte. Hirten, die weiter unten am Pilatus waideten, sahen diese wahnsinnigen Kühnheiten und schrieen laut auf vor Entsetzen. Aber sie sahen, wie er sich an dem Seile wieder aufschwang, bis er den Felsen mit den Händen packen konnte, und unversehrt seinen Weg zurückfand.

Die Kunde, dass Sepp in der Dominikshöhle gewesen sei, verbreitete sich weit. Ein reisender Engländer, der eben in Luzern war, liess ihn zu sich bescheiden, beschenkte und bewirthete ihn reichlich und fragte ihn, was er nun von dem Bilde ergründet.

«Ich halte es für ein künstlich ausgehauenes Bild», behauptete Sepp; «wie es einmal dahin gekommen, das weiss Gott!, aber ich sah deutlich den Kopf und das Gesicht; wäre nur mein Strick länger gewesen, so hätt' ich näher kommen können.»

«Würdest du dir noch einmal getrauen, mit besseren Hilfsmitteln in die Höhle zu gelangen?» Sepp besann sich einen Augenblick: «Herr», sagte er, «es ist grausig, wenn man da oben hängt, und ich habe ein einziges Kind!» – – –

«Da sind zehn Louisd'or», sagte der wissbegierige Engländer, «dazu will ich zwei Männer bezahlen, die dir die Stricke oben befestigen helfen, und dir das Zurücksteigen erleichtern; das Geld soll dein sein, wenn du wirklich in die Höhle eingedrungen bist und mir die Wahrheit dessen, was du an dem Bild gefunden, beschwören kannst.»

Sepp zögerte noch lange, aber das schöne Geld, das seinem Peterli so wohl käme und sein eigener, unwiderstehlicher Drang, die Geheimnisse der Bergwelt zu ergründen, siegten. Er liess sich das Geld zusagen; für den Fall, dass er bei dem Versuche zu Grunde ginge, sollte es seinem Kinde werden, und versprach, ihn schon am nächsten Tage anzustellen.

Auszug aus: *Der Peterli von Emmenthal*, 1855 erstmals erschienen in: *Erzählungen und Märchen für die Jugend* von Ottilie Wildermuth. Ottilie Wildermuth hat als Quelle Tagebucheinträge von Dido Romi Kein (1794–1820) benutzt.

THEODOR WIRZ
1883–1939

Der Turi

Am nächsten Tage um neun Uhr bestieg ich in Flüelen das Dampfschiff, und gegen nachmittags drei Uhr grüssten mich die Türme meiner Vaterstadt Luzern. Wo sollte ich nun absteigen? Mein Vater war – ich nehme an, dass meine Nachkommen das Datum seines Todestages kennen werden und an diesem Tage für seine Seelenruhe ein Gebet verrichten – gestorben, meine Mutter hatte ich nie gekannt. Die jüngere meiner Schwestern war nach einem Jahre ihrem Vater im Tode gefolgt, und die ältere hatte sich nach dem Zusammenbruch des Sonderbundes im Benediktinerinnenkloster Sarnen, in dem eine Schulfreundin von ihr Chorfrau war, als Kosttochter verpfründet.

Ich zog den Kapitän zu Rate, und der nannte und empfahl mir das Gasthaus zum Schlüssel am Franziskanerplatz. Dies leuchtete mir sofort ein. Dort war seinerzeit der heilige Kardinal Karl Borromäus, als er die Innerschweiz besuchte, abgestiegen. Zudem hatte mir der Kapitän mitgeteilt, dass dort die Preise sehr modeste seien. Da der heilige Karl Borromäus dort gewohnt hatte, fand ich es standesgemäss. Ich bezog daher im «Schlüssel» ein Zimmer. Am meisten Widerstand erregte der Turi. Man hielt das arme Tierchen für ein giftiges Reptil, und ein Stammgast, der bei meiner Ankunft zufällig anwesend war, behauptete steif und fest, es sei ein junges Krokodil. Am andern Tag gab ein aufgeklärter Länderratsherr, der dort zu Mittag speiste, folgende schwerwiegende Weisheit von sich. Ja, er kenne dieses Tier schon. Das sei eine amerikanische Eidechse. Diese hätten einen giftigen Saft in sich, und wenn sie denselben verspritzen, so gebe es unwiderruflich an jeder Stelle der Haut, die er treffe, grosse Warzen, die nicht mehr vergehen. Ich hatte Mühe, diese Widerstände zu beseitigen, und schliesslich erhielt ich die Erlaubnis, dass der Turi dableiben könne, aber nur unter der Bedingung, dass ich das Tier immer selber füttere und stets das Zimmer abschliesse, wenn ich ausgehe. Ich ging sie lachend ein, und bald hatten auch Wirt und Wirtin sowie das Dienstpersonal sich von der Harmlosigkeit des Turi überzeugt. Ich musste ihn manchmal, wenn Stammgäste oder Gäste von der Landschaft da waren, in das Wirtschaftslokal herunterbringen, wo er dann geziemend bestaunt und bewundert wurde.

Die 1887 gebaute Bahn auf den Bürgenstock

Auszug aus *Der Turi – Erzählung*, erschienen 1937. Theodor Wirz wurde in Sarnen geboren und lebte dann in Luzern, wo er auch starb.

HU ZHENGZHI
1889–1949

Sonst gibt es in Luzern nichts zu sehen

Am 24. August fuhr ich in Bern morgens um zehn Uhr mit dem Zug ab und kam nachmittags um zwei Uhr in Luzern an. Von dort führte die Reise mit einem kleinen Raddampfer über den *Vierwaldstättersee,* an dem vier Kantone liegen. Es gibt lange Strecken, denn der See ist ziemlich gross. Segelschiffe verkehren nicht, sondern nur kleine Dampfschiffe. Dem Vierwaldstättersee entlang erhebt sich Berg an Berg, und überall sind Touristen. Nach zehn Minuten erreichten wir den Bürgenstock. Wir stiegen in die Bergbahn um und fuhren direkt zum Gipfel, wo wir im Parkhotel logierten. Mein alter Freund Wu Kunwu begleitete mich. Kunwu hat sechs Jahre lang in Frankreich und der Schweiz studiert, mit dem Doktortitel abgeschlossen und ist nun Sekretär der chinesischen Gesandtschaft in der Schweiz. Um mich hier herumführen zu können, hat er um Urlaub gebeten. Es gibt ganz verschiedene Arten von Bergbahnen: Da sind solche, bei denen eine Eisenkette am Boden des Fahrzeugs befestigt ist, die mechanisch nach oben aufgewickelt wird. Die Wagen haben die Form einer Treppe, was das Fahren in schiefer Lage erleichtert. Andere Fahrzeuge werden mechanisch betrieben, wobei die Wagen mit den Passagieren nach oben gestossen werden. Zwischen den Schienen ist eine weitere Schiene angebracht, an welcher Zahnräder montiert sind, die in jene am Wagenboden greifen; so kann der Wagen in Betrieb gesetzt oder angehalten werden. Schliesslich gibt es auch Fahrzeuge, die an einem Kabel hängen und frei in der Luft schweben. Die Bürgenstock-Bahn gehört zum ersten Typ der hier geschilderten Bergbahnen, und ich halte sie für besonders sicher. Je höher die Bahn fuhr, desto weiter entfernten wir uns von dem, was wir unter uns erblickten. Die Dampfschiffe auf dem See sahen fast wie Fischerboote aus. Wenn man sich so zwischen

Abgründen befindet, bekommt man es unweigerlich mit der Angst zu tun.

Luzern ist eine berühmte Stadt, in der Handel und Industrie florieren. Da wir einen ruhigen Aufenthaltsort suchten, logierten wir nicht dort, sondern auf dem Berggipfel im Parkhotel. Hinter unserem Hotel war das Gebirge, vor uns der See, schön und sauber. das Essen kostete pro Tag nur 14 Franken, also nicht einmal drei chinesische Yuan. Im Vergleich mit den modernen Hotels in Peking und Shanghai ist das billig, und erst recht hat man das Gefühl, im Paradies zu sein, wenn man das mit den Ausgaben in den Pariser Hotels vergleicht. In den Bergen gibt es keine Geschäftsstrassen, sondern nur einige Hotels, die sich mit ihren Gartenanlagen und ihrer Ausstattung gegenseitig zu übertreffen suchen. Ausser Touristen leben hier nur einheimische Bauern und Hirten, die ihrer eigenen Arbeit nachgehen, ohne mit der Aussenwelt wetteifern zu müssen. Auf dem Berggipfel konnte ich einen Eindruck von der See- und Berglandschaft gewinnen – etwas anderes kann man dort nicht tun. Am 25. August war schlechtes Wetter, und so war es unmöglich, in den Bergen zu wandern. Deshalb fuhren wir mit dem Schiff nach Luzern, um die Stadt zu besichtigen. Wir besuchten einen Saal mit einem berühmten Ölgemälde. Dieses ist ungefähr 800 Quadratmeter gross und von den berühmtesten Schweizer Malern angefertigt worden. Das Gemälde zeigt, wie der französische General Bourbaki 1871 mit seinem Heer in die Schweiz floh, nachdem er in einem Feldzug während des Deutsch-Französischen Kriegs eine Niederlage gegen die preussische Armee erlitten hatte. Die schweizerische Armee forderte die Entwaffnung, wodurch das französische Heer in grosse Verlegenheit geriet. Alles ist auf dem Bild klar und deutlich zu sehen und lebensnah dargestellt: Es herrscht strenger Winter, die Berge sind verschneit, von fern sieht man das Schlachtfeld, und Feuerschein bedeckt den Himmel. Das französische Heer überquert den Berg; die Menschen sind erschöpft, die Pferde am Verenden, Kleidung und Ausrüstung der Soldaten in wüstem Durcheinander. Die Schweizer errichten in einer Kirche ein Lazarett, alle verletzten Soldaten werden in Eisenbahnwagen dorthin gebracht. Die unverletzten französischen Soldaten fällen Holz für ein Feuer, an dem sie sich wärmen. Ausser dem Ölgemälde sind in diesem Saal auch Objekte ausgestellt. Mit der Beleuchtung wird eine besondere Wirkung erzielt, so dass man, wenn man sich in diesem Saal befindet, tatsächlich nicht unterscheiden kann, was echt und was gemalt ist. Ich bin überzeugt, dass Franzosen und Deutsche vom Wandel menschlicher Geschicke berührt sein werden, wenn sie hierher kommen.

Wir haben auch den *Glacier Jardin* besucht, der ebenfalls zu den bekanntesten Orten Luzerns gehört. Wer sich mit Geologie oder Geschichte befasst, muss sich ihn ansehen, denn es sind dort zahlreiche Gesteine ausgestellt. Sie beweisen, dass am Fusse der Alpen, wo heute die Schweiz, Frankreich und Italien liegen, einst ein endloses Meer war. Das zeigt deutlich, dass grosse Veränderungen stattgefunden haben. Das Eiswasser umspülte jeweils das ganze Jahr über vereiste Berge und Felsen, wodurch die grossen Gesteinsbrocken ausgehöhlt, die kleinen abgerundet wurden. Die kleinen Gesteinsbrocken begannen sich durch die Kraft des Wassers in der ausgehöhlten Vertiefung unablässig zu drehen und wurden dadurch im Laufe der Zeit immer runder. Solche Gesteinsbrocken, die der Forschung dienen, sind im Gletschergarten in grosser Anzahl ausgestellt. Auch das Leben der Urmenschen ist im Modell dargestellt: Sie lebten meist in Höhlen, fischten und jagten und sahen anders als heutige Menschen aus. Im Gletschergarten befindet sich ferner ein Labyrinth. Es ist dem Palast eines afrikanischen Herrschers nachgebaut und mit Spiegelscherben ausgekleidet. Man sieht darin alles von vier Seiten, verliert so die Orientierung und findet nicht mehr hinaus. Schliesslich ist auch eine Statue des Herrschers zu sehen: Sein Gesicht ist schwarz, und er ist barfuss. Sklavinnen stehen vor ihm und fächern ihm Luft zu, wobei die Fächer den Handfächern ähnlich sind, wie sie in China früher von Kaisern verwendet wurden. Ausser den Sklavinnen sind auch Soldaten und Frauen nachgebildet worden. So wird die Lebensweise der Eingeborenen dargestellt. Abgesehen von diesen Dingen gibt es in Luzern nichts zu sehen.

Eine der Gletschermühlen im Gletschergarten

Ausschnitt aus dem Text *Ruishi jixing*, erschienen 1919. Hu Zhengzhi, eigentlich Hu Lin, aus der Provinz Sichuan aus China, studierte Jura und war als Rechtsanwalt und Journalist tätig. Er war auch politisch tätig und hatte hohe Positionen im Innenministerium inne. Seine Reise in die Schweiz unternahm er vermutlich in seiner Eigenschaft als Referent im Innenministerium.

ZHU ZIQING
1898–1948

Ein Zug frischer Luft

Luzern liegt in der Zentralschweiz, am nordwestlichen Zipfel des Luzernersees. Schon vom Bahnhof aus sieht man auf den ersten Blick die ausgedehnte Wasserfläche und die kulissenhaften grünen Berge und spürt deutlich einen Zug frischer Luft im Gesicht. Die Reuss, die mit dem See verbunden ist, fliesst mitten durch Luzern. Im Fluss steht ein niedriger, alter Wasserturm, der früher als Leuchtturm diente. Hier heisst Leuchtturm «Lucerna», weshalb einige vermuten, der Name Luzern sei davon abgeleitet. Dieser Turm, der erstaunlich niedrig ist, steht neben einer alten, abgewinkelten Holzbrücke. Zusammen bilden sie eine Einheit. Die Brücke ist überdacht und gleicht einem Wandelgang. Sie gliedert sich in zwei Abschnitte, jener beim Turm ist niedrig und schmal, während der andere plötzlich höher und breiter wird, gerade so als hätte er mit dem ersten nichts gemein. Offensichtlich ist aber nur eine Brücke da. Nicht weit entfernt steht eine zweite Holzbrücke, die Kapellbrücke heisst, weil es auf der Brücke eine Gebetskapelle gibt. Auch sie ist verwinkelt und alt. Zahlreiche paarweise angeordnete Stützen tragen das Dach. An beiden Seiten der Querbalken auf der Dachunterseite sind grosse, dreieckige Holztafelbilder mit dem Thema «Totentanz» angenagelt. Auf jeder Tafel ist der Tanz mit dem Tod unterschiedlich dargestellt. Damit soll gezeigt werden, auf welche Art und Weise verschiedene Menschen sterben. Künstlerisch gelten sie wohl nicht als besonders gelungen, aber es ist beeindruckend, sich über hundert Bilder vom Tode anzusehen. Auf der andern Seite des Flusses Richtung Innenstadt kann man die Überreste der Stadtmauer besichtigen. Wie eine Schlange hat sie sich einst entlang der Hügel gewunden, doch heute stehen nur noch Mauerreste zwischen den Wohnhäusern. Die neun Wachtürme, vieleckig und kegelförmig wie der Wasserturm, sind noch erhalten. Wind, Sonne und Regen haben aber in vielen Jahren ihre Farben ausgebleicht.

Das neunzehnte Bild aus der Totentanz-Serie der Spreuerbrücke

Der Gletschergarten liegt auch in den Hügeln. Einst gab es eine Zeit, als die nördliche Halbkugel unter Eis und Schnee begraben lag. Die Schweiz gehörte natürlich dazu. Die Schneedecke auf den Alpen schmolz nicht mehr, sondern wurde immer dicker. Allmählich vereisten die überlagernden Schneemassen, und die unterste Schicht glitt langsam abwärts ins Tal. Das also sind Gletscher. Damals, als sie noch wuchsen, schmolzen sie im Sommer stark. Die grossen Schmelzwasser hatten eine unermessliche Kraft. In einem einzigen Sommer konnten sie eine Ritze in einem Stein zu einem grossen und tiefen Becken, einer sogenannten Mühle, auswaschen. Manchmal wurde ein Felsbrocken in ein Becken hineingetragen, und da er dort blieb, rotierte er einfach mit dem Wasser. Anfänglich rissen die Kanten und Ecken des Steins Schrammen in die Beckenwand, doch mit der Zeit glätteten sich die Kanten und es entstand eine grosse runde Kugel, ein sogenannter Mühlstein, der sich immer noch weiter drehte. Daher hat der Gletschergarten seinen Namen. Die grossen und kleinen Becken, die grossen und kleinen Kugeln sind jetzt zur Ruhe gekommen. Ihr urtümlicher Zustand lässt erahnen, wie die gewaltigen Kräfte der Natur vor hunderttausenden von Jahren gewirkt haben. Seltsam, dass ausgerechnet diese stummen und toten Steine von einer Zeit zeugen, die viel älter als die Menschheit ist. Wer könnte das glauben, wenn niemand die Zeugnisse der alten Zeit erforschte? So betrachtet, macht es durchaus Sinn, wenn der Dichter in einem der Neunzehn Ehrwürdigen Gedichte seufzt: «Über und über im Gebirgsbach Stein!» Diese Überreste lagen ursprünglich teils unter Geröll, teils in Wiesen begraben, bis sie 1872 zufällig entdeckt wurden. Damals fand man auch verschiedene Versteinerungen, darunter solche mit Muscheln, die davon zeugen, dass auf diesem Stück Erde am Fuss der Alpen einst ein Meer brandete, und versteinerte Palmenblätter, die deutlich machen, dass hier einmal ein Urwald wuchs. Beide Zeitalter liegen vor der Eiszeit, und damit in einer noch entfernteren Vergangenheit. In Gedanken kann man sich dennoch ein Bild machen. Vergleichen wir aber die Menschheit mit der grossen Natur, so müssen wir uns winzig vorkommen.

Ausschnitt aus dem Text *Ruishi*, erschienen 1934 in: *Ouyou zaji* (Miszellen von einer Reise nach Europa); auf Deutsch übersetzt und erschienen 1946 als *Die Schweiz in den Reiseaufzeichnungen von Dschu Dse-tjing*. Zhu Ziqing aus Shaoxing (Provinz Zhejiang) gehört zu den Pionieren einer neuen, umgangsprachlichen Lyrik in China. Nach Studien in den USA 1931/1932 besuchte er auf seiner Rückreise auch die Schweiz und publizierte Reisenotizen. Mit dem Dichter der Neunzehn Ehrwürdigen Gedichte ist Kou Zhun (961–1023) gemeint, hoher Beamter und Politiker am Hof der Song-Dynastie (960–1126).

Die Danck-Sagende Pallas und Heyl-Eyffernde Flora

Erster Musicalischer Auftritt
PALLAS sambt den übrigen Musen stattet Lucern eine Dancksagung ab für das neu-erbaute Theatrum, dediciert zugleich selbem das erste Traur-Spiel.

Pallas:
Wolan stellt euch hier ein!
Ihr Freud des Urhebers der Wissenschafften, kombt zum Vorschein!
Wolan du Reimen-Dichter komme an,
Wie auch Histori-Schreiber, und der Grammatic kan!
Höchst verpflicht wir uns befinden,
Die Gnädigste Herren
Von Lucern mit gröster Dancksagung zu beehren,
Für jene uns ertheilte Gnad, so ich euch will ankünden.

Aria:
Nach dem der Himmel dise Erd
Mit Gnaden-Flüssen g'segnet,
Er mehr und mehr niemahl aufhört,
Des Himmels-Tau stäts regnet.
Nicht andersten Lucern es macht,
Ein Mutter freyer Künsten,
Zu jederzeit ist mehr bedacht
Uns z'geben neue Günsten.
Alleinig dise hat die Krafft
Z'Theatrum aufzubauen,

Ein Werck, so nie der Kayser Macht
Dergleichen sich thät trauen.
Worauf der g'sternte Himmel gar,
Wann er nur reden kunte,
Sich selbsten wurde stellen dar,
Z'agieren er begunte.

Redner:
Würdigste Vorsteherin der Musen-Schaar! Deinen Willen
Wird ich auf das beste erfüllen.
Ja deine Schritt
Verlass ich nit.

Poeta:
Es ist mein gröster Wunsch, bey Lucern mich zu stellen ein.

Histori-Schreiber:
Auch ich verlang für solche Gnaden ihme danckbar zu seyn.

Grammaticus:
Nit minder ich,
Zu euerem G'spanen g'selle mich.

Pallas:
Sehet! es eröffnet sich schon die Thür des Pallasts,
Und Lucern jene grosse Fürstin sich selbst sehen last.
Wolan dann ihr G'spanen! mit mir selber zu begegnen eylet,
Und Frolockungs-Sprüche hervorzubringen euch nit verweylet.

Chor:
Ich Pallas selbst von meinem Thron

Sambt allen, die mir dienen,
Dein Lob und Ehr verkünden schon,
Vor deinen Füssen knyen.
Hoch-Edle Fürstin von Lucern
Den Rang dir Juno weichet gern.

Lucern:
Steht auf ihr freye Künsten all! saget frey!
Was die Ursach eurer Ankunfft sey?

Pallas:
Vor deinem Thron uns zu stellen ein,
Beweget uns die Pflicht dir danckbar zu seyn.

Aria:
Wann ich betracht
Mein Redens-Kunst
Und nimm in acht
Ist gantz umsunst
Diss schön erbaute Orth:
Und findet ja kein Port.

Lucern:
Erfreue mich, dass meine Freygebigkeit
Euere Lobsprüch übertreffe weit.
Ein neues Theatrum zu erbauen hat mich bewogen
 mein eigne Ehr,
Sambt dem Wohlgefallen und Nutzen, so aus den
 Schau-Spilen kommet her,
Ja nicht minder jene Lieb,
So ich gegen euch verüb.

Seebrücke, Roller-Rink (Rollschuh-Palast) und Bahnhof um 1900

Aus dem Festspiel *Die Danck-Sagende Pallas und Heyl-Eyffernde Flora* zur Einweihung des neuen Jesuiten-Theaters in Luzern 1741. Das neue Theater ist das «Comoedien-Haus» über der Sakristei der Jesuitenkirche. Der Verfasser ist unbekannt. Die Aufführung war lateinisch; die Übersetzung wurde für das Publikum angefertigt, vermutlich von einer ausserschulischen «Privat-Persohn». 1741 erschein ein Teildruck: «Die Danck-Sagende Pallas und Heyl-Eyffernde Flora, auffgeführt unter der Ends-Tragoedie in drey Musicalischen Chören, abzusingen in lateinischer Sprach, nun aber in die teutsche übersetzet zu ersehen seynd.»

NACHWORT:

Die Literatur und Luzern

«Die Welt ist gross, besonders oben? Nonsens! / Der niedre Flächenmensch, er kennt sie nicht! / Klein ist sie, schrumpfig, völlig spielzeughaft, / Weil halt (zum Glück) die menschlichen Vergleiche, / Luzern und Bern, der Appenzeller Bote, / Gasthäuser, Bodensee und Drahtseil fehlen.»[1]

Widmet man sich dem Universum, Galaxien, anderen Planetenanordnungen, den Himmelskörpern unseres Sonnensystems, der Erde, den Kontinenten, ganzen Ländern oder eben Landschaften, die im milchweissen Nebel verborgen liegen, steht man effektiv wie auf einer Bergspitze, von der aus es eigentlich egal sein mag, was in einer Stadt wie Luzern so geschieht. Und in der Tat gäbe es natürlich riesige Mengen an allgemeiner Schweiz-Literatur, an Weltliteratur im besten Sinne sowieso, die nichts mit der «Kleinen Perle am See» zu tun haben und trotzdem ausreichen würden für eine lebenslange Anregung zu Blick- und Erkenntniserweiterungen, zu Träumen, Visionen oder schlicht zur Unterhaltung.

Ebenso oft allerdings kann die Betrachtung eines bestimmten Mikrokosmos genauso gut Anregung sein, nicht nur die eine Stadt verschieden zu sehen, sondern auch ein Leben, andere Zeiten, andere Räume, andere Wesen und andere Welten. Oder man lernt gegenüber dem Bekannten plötzlich neue Gefühle zu entwickeln, abweichende Wahrnehmungsmöglichkeiten erschliessen sich und man erkennt bestimmte Zeichen in Spuren, die man zuvor nicht einmal bemerkt hat.

Literatur eignet sich hierzu besonders, weil sie im Unterschied etwa zu wissenschaftlichen Texten den meisten Leserinnen und Lesern näher liegt, da sie vorwiegend anregender formuliert ist. Vor allem aber besetzen literarische Werke eine andere Funktion: Sie sind per Definition vielschichtiger und deshalb nicht von vornherein bewusst auf eine explizite Fragestellung, einen bestimmten Aspekt oder eine Bedeutungsebene eingeschränkt. Zudem gestatten sie im Gegensatz zu eher einfach gehaltenen Informationstexten der Tourismusbranche einen auch ins Detail gehenden Zugang zu ihrem Thema und können nicht zuletzt – da nicht zwangsläufig Werbeschriften – mutiger und aufrichtiger sein.

Die Anregung

Literatur über Luzern ermöglicht es einer Leserin oder einem Leser also, sich einmal anhand eines Mikrokosmos anregen zu lassen, Dinge und Handlungen anders zu betrachten oder zu erleben, als er oder sie das bisher getan hat. Dies kann ganz elementar etwa dadurch geschehen, dass Cécile Lauber in *Die Glocken der Hofkirche Luzerns* die Aufmerksamkeit von der normalerweise als Hauptsinn empfundenen visuellen Wahrnehmung in ihrem Text auf die Ohren lenkt: «Ein Meer von Tönen rauscht aus über den Dächern der Stadt.» (Seite 99) Auch Franz Joseph Kaufmann tut dies innerhalb seiner eindrücklichen Beschreibung eines gewaltigen Hagelschlags: «Anfänglich hatte das Ohr aus dem Geprassel noch einzelne Schläge wahrgenommen; jetzt aber machte der dichte Kugelregen, durch welchen man kaum die nächsten Häuser deutlich erkennen konnte, den Eindruck eines anhaltenden tiefen Basstaktes, ähnlich dem Rauschen eines mächtigen Wasserfalles.» (Seite 78) Er sei als Beispiel dafür genannt, dass es fast bei allem, das hier im Weiteren erwähnt wird, mehrere Textbeispiele gäbe, die aber jeweils unterschiedlich formuliert sind oder den Fokus leicht abweichend ausrichten.

Wenn man noch kurz bei den für gewöhnlich eher minderbewerteten Sinnen bleiben will, so findet man im Romanausschnitt von Bettina von Arnim etwas zum Geruchssinn oder Geschmackssinn (Seite 16), und Joseph Eutych Kopp lässt einen beim Brand der Altstadt erahnen, wie gruselig es sein kann, wenn man förmlich spürt, dass der Wind der Feuerwehr grausam feindlich gesonnen ist: «Der Wind, wenn auch nicht bedeutend stark, doch spürbar genug, lief gegen den Weinmarkt; und das Wirtshaus zu den Metzgern schwebte in der augenscheinlichsten Gefahr.» (Seite 94)

Aber auch der Sehsinn selbst, der Gesamtblick auf die Landschaft zuvorderst, gewinnt in einigen der Texte dem Normalen eine neue Dimension ab: «Luzern, am Meer gelegen, wäre mit dem ganzen See und seinen Bergen, Vorsprüngen, Gliederungen eine einzige Bucht gewesen, schöner und mächtiger als die von Rio de Janeiro, erklärte Robert dem Gefährten am ersten Abend vor der Karte.» (Seite 31) Es sind solche Textstellen, die überraschende Sichtweisen offenbaren und dazu anregen, sich vielleicht selbst einen Gegenweltentwurf auszudenken, wenn man das nächste Mal am Luzernerquai entlangspaziert – egal ob als Einheimischer oder Gast.

Wer lieber in der sogenannt realen Welt bleiben möchte, kann sich – wer es sich noch nie überlegt hat – von Niklaus Meienberg im Text *Die Kapellbrücke: Ein rentabler Brand in Luzern* den Kopf zurechtsetzen lassen hinsichtlich des Stellenwerts, den viele Luzernerinnen und Luzerner dem touristischen Hauptwahrzeichen der Stadt zugemessen haben (oder noch zumessen: Siehe dazu auch das Cover dieses Buches): «Viele Luzerner, auch Luzernerinnen, verhalten sich so, als ob die Stadt nach dem partiellen Brand der netten Fussgängerpassage untergegangen wäre.» (Seite 115) Meienberg ist es auch, der ironisch-eindringlich mahnt, nicht bloss mit einem speziesistischen Blick durch die Welt zu stolzieren: «Welchen Einfluss die jähe nächtliche Röte auf den Trauerschwan, den Höckerschwan, die Kolbenente, die Bahamaente, die Brautente usw. hatte, welche Vögel etwas oberhalb der verkohlten Brücke in einem lieblichen Gehege ihre Nester haben, während den Taucherlis und/oder Entlein, auch in der Reuss, alphüttenartige Unterschlüpfe gebaut worden waren, ist von den eingeborenen Zoologen noch nicht erforscht worden.» (Seiten 115f.)

Dafür darf sich der Geistesmensch erinnern lassen, dass es nicht ausschliesslich Bücher gibt im Luzerner Leben, Literaten und die schönen Künste, trotz Kultur- und Kongresszentrum KKL, *luzern bucht* oder dem *Comix-Festival Fumetto*: «Nur im Stadion Allmend ist Luzern noch die Innerschweizer Metropole, hier bedeuten Tradition und die Marke 1291 noch etwas. Friede, Freude und eitel Humanismus herrschen im sympathischen Kleinstadion.» (Seite 19)

Der Blick von «aussen»

Spannend werden diese einzelnen Anregungen oder anderen Sichtweisen besonders dann, wenn sie von aussen kommen. Der zitierte Niklaus Meienberg ist unverkennbar solch eine Stimme. Aber auch Margrit Schriber setzt als Schriftstellerin, die zwar in Luzern geboren wurde, aber nicht mehr in der Stadt wohnt, den Finger auf einen heutzutage vor allem Gästen auffallenden Punkt, wenn sie nämlich ein Bild der Touristenhochburg der Schweiz zeichnet, die an gewissen Tagen von einer schier unabsehbaren Masse von Besuchern quasi überflutet wird: «Könnte sein, dass seine Damen trotz hochhackiger Schuhe keinen Feuerwerksfunken, kein einziges Wasserbild oder eine der Nixen zu sehen bekämen, sondern von Touristen erdrückt würden. Die Wohnungsbalkone drohen unter der Last ihrer Menschentraube wie Zuckerwerk von den Fassaden zu brechen.» (Seite 152) Diese und ähnliche Stellen mögen dazu beitragen, sich im Hinblick auf Zukunftsstudien einmal zu überlegen, mit welchem Bild von sich selbst eine Stadt eigentlich identifiziert werden möchte.

Der eher nachdenkliche Blick wird bis heute ausgewogen von hymnischen Stimmen, zum Beispiel des Chinesen Zhu Ziqing: «Schon vom Bahnhof aus sieht man auf den ersten Blick die ausgedehnte Wasserfläche und die kulissenhaften grünen Berge und spürt deutlich einen Zug frischer Luft im Gesicht.» (Seite 202) Solche Texte erinnern Touristen und Einheimische daran, als wie privilegiert Luzern im weltweiten Vergleich eben doch empfunden werden kann.

Aber der Reflexionsanstoss von aussen muss nicht zwangsläufig von einem Menschen kommen, der vor relativ Kurzem als Gast in Luzern weilte; es kann ebenso der Blick einer vergangenen Zeit sein, die zumindest erinnerte Gefühlswelt eines Jugendlichen gegenüber den seltsamen Taten der Erwachsenen, die Ansicht einer Frau statt die zu lange übliche einer patriarchalen Gesellschaft oder die implizite Kritik angesichts einer scheinbare Ewigkeiten andauernden, absoluten Vormachtstellung der Katholiken in der Leuchtenstadt.

So macht uns Arthur Schopenhauer als 16-Jähriger darauf aufmerksam, dass es sehr wohl Zeiten gab, in denen man die «lauschige» Altstadt noch nicht als angenehm empfand, erst recht nicht, wenn man sich deutsche Grossstädte gewohnt war: «*Lucern* ist ein kleines, schlechtgebautes, menschenleeres Städtchen.» (Seite 150) Konrad Neumann beschreibt in seinem autobiographischen Jugendroman die Gefühle eines 11-Jährigen angesichts der Schrecken des Sonderbundskriegs von 1847: «Da und dort trabten Pferde heran, manches ohne Reiter, andere waren an mit Stroh gefüllte Wagen, in welchen Tote und Verwundete lagen, gespannt. Es wurde den Buben ganz unheimlich; sie flüchteten eiligst in das Haus eines Kameraden in der gleichen Gasse und schauten da zum Fenster hinaus dem tollen Treiben und Jagen unten auf der Strasse zu.» (Seite 131) Und Eveline Hasler formuliert nachträglich anhand von Zeitdokumenten, wie unabwendbar tödlich der christlich hochgeputschte Verdacht, eine Hexe zu sein, selbst für Mädchen sein konnte: «Magdalena war nach Luzern mitgefahren, sie wolle, hatte sie gesagt, während Sidler im Rathaus sei, Katharina Schmidlin im Turm besuchen. Die lassen dich nicht ein, werden dich vielleicht selber einsperren, du Kräuterhexe, hatte Sidler gewarnt. [...] Diese Woche noch komme der Scharfrichter, um das Kind nach Hexenzeichen abzusuchen. Verheerend, wie nach einem trügerischen Moment der Ruhe die Prozesse wieder aufflammten, immer häufiger klage man auch Kinder an.» (Seite 61)

Aber selbst im Text eines Luzerners kann das unkonventionelle Gegenüberstellen von Gewohntem das Gewicht eines «Aussen» erhalten, gerade eben, weil das Gewohnte anders wahrgenommen oder geschildert wird: «Im Winter kreischen die Möwen, / im Sommer die Uhrenkäufer. / Beide Sprachen verstehe ich nicht, / wenn ich über die krumme Holzbrücke eile.» (Seite 41)

«Weisse und schwarze Flecken» der literarischen Luzern-Wahrnehmung

Während die bisher erwähnten Texte ohne allzu grosses Vorwissen auf Lesende wirken können, bedürfen gewisse Zeugnisse einiger spezifischer Hintergrundinformationen. Dies gilt insbesondere da, wo zeitliche oder geographische Leerräume oder «weisse Flecken» vorhanden sind (die allerdings auch der Auswahl geschuldet sein mögen.)

In die Zeiten zurückblickend, findet man relativ wenig Literatur vor der zweiten Hälfte des 18. Jahrhunderts, in der die Stadt Luzern vorkommt, obwohl die Stadtgründung irgendwann gegen Ende des 12. Jahrhunderts erfolgt sein muss und Luzern gegen Ende des 13. Jahrhunderts habsburgische Landstadt geworden war, wodurch sie in den Genuss einer habsburgischen Förderung kam. 1299 wurde zum Beispiel der Zoll von Jougne nach Luzern verlegt. Dazu profitierte das Städtchen seit dem ausgehenden 13. Jahrhundert vom Aufschwung des Gotthardhandels. Ab 1290 häufen sich die Indizien für eine Intensivierung der Südbeziehungen, vor allem zu Mailand und Como. Die späten Nachwirkungen dieser meist vom Süden vorangetriebenen Beziehungen erwähnt etwa Kuno Müller in seinem Essay (Seiten 123ff.). Aber obschon Luzern um 1250 bereits die Grösse erreicht, die es mehr oder weniger bis ins 19. Jahrhundert beibehält, und die Stadt also eine Drehscheibenfunktion für den Handel im Gotthardtransit besass (allerdings darf die damalige Bedeutung des Gotthards in relativen Grössenordnungen, gerade im Vergleich zum Brenner oder den Bündnerpässen, nicht überschätzt werden; der Bau des Gotthardtunnels und die spätere, auch literarische Mystifizierung der «Alpenfestung» verzerren die Sicht manchmal bis heute), lag sie mitten im Bergland Schweiz, das viele Jahrhunderte lang gewissermassen tabuisiert war. Die Alpen bedeuteten Schrecken und Gefahr, ihre Bewohner sah man als barbarisch und zurückgeblieben. Für Luzern vermochte dieses Bild auch der Gelehrte Konrad Gessner, der den Pilatus bestieg und 1555 in seiner *Descriptio montis Fracti* (= Beschreibung des gebrochenen Berges; *fractus mons* wird zu *Fräkmünt,* der Berg ab Mitte des 15. Jahrhunderts auch *Pilatus* genannt) darüber berichtete, noch nicht zu korrigieren.

Damit stammen die ältesten, auf ihre spezielle Art literarischen Texte, in denen Luzern eine Rolle spielt, meist von gebildeten Einheimischen, vorwiegend von Notaren wie Diebold Schilling (Seiten 147ff.), von Stadtschreibern wie Renward Cysat (Seiten 25f.) oder nahe wohnenden Geistlichen wie dem Dekan des Klosters Einsiedeln, Albrecht von Bonstetten (Seiten 185ff.). Und da die Reformationsbewegung nach 1517 in der Innerschweiz nicht durchdringt, besteht auch infolge dieses schweizweit gesehen eigentlich wichtigen Ereignisses kein Interesse von auswärtigen Gelehrten, Werke zu verfassen, in denen die Stadt Luzern ein wichtiger Schauplatz wäre. Luzern als Literaturschauplatz bleibt – von Ausnahmen abgesehen – in Luzerner Hand. An dieser Tatsache vermag selbst das zwischen 1545 und 1616 überlieferte Luzerner Osterspiel in seinen verschiedenen Fassungen nicht zu rütteln, da diese wiederum von Einheimischen angefertigt wurden, einmal mehr zum Beispiel von Renward Cysat (zudem spielen sie nicht in Luzern).

Dass sich dies für Luzern überhaupt ein wenig ändert, hängt zusammen mit einem für die ganze Schweiz wichtigen Impuls: Die Haltung gegenüber der Alpennatur als menschen- und lebensfeindlichem Raum kommt ab der Mitte des 18. Jahrhunderts rasch ins Wanken, was mit der tiefgreifenden Wandlung des (europäisch-) menschlichen Selbstverständnisses zusammenhängt, die durch die Aufklärung, speziell durch die Schriften von Jean-Jacques Rousseau hervorgerufen wurde (*Retour à la nature!*). Man gewahrte auf einmal die von der Gemeinschaft losgelöste, individuelle Persönlichkeit, die in der Einsamkeit und in der Ruhe der Natur zu sich selbst finden konnte. So bekam die Natur relativ abrupt eine neue, zentrale Bedeutung, und je schroffer, je wilder und erhabener sie sich zeigte, desto intensiver sah man das durch sie vermittelte Gefühlserlebnis. Zusätzlich vermeinte man zu erkennen, dass der Mensch von Natur aus gut, aber von der Zivilisation verdorben worden sei. Dadurch entdeckte man die Schweiz als einen vom Glück begünstigten Flecken Erde und sah in den bisher verachteten, von der Zivilisation scheinbar noch unberührten Gebirgsbewohnern besonders vollkommene und nachahmenswerte Menschen, die zusammen mit der Landschaft, in der sie wohnten, der literarischen Behandlung durchaus wert waren.

In der Folge von Rousseaus Schriften wird zuerst vor allem die Gegend um den Genfersee zum vielbereisten Wallfahrtsort des Bildungsbürgertums und des Literaturtourismus: Die wohlhabende Schicht Frankreichs und Englands folgt mit dem Roman *Nouvelle Héloise* (1761) in der Hand den darin beschriebenen Schauplätzen. In Deutschland ist es jedoch eher das Langgedicht *Die Alpen* (1732) des Berners Albrecht von Haller, das die Bergwelt in Mode brachte. Auf jeden Fall bildet ab Mitte des 18. Jahrhunderts der Besuch der Schweizer Alpen einen festen Bestandteil des Bildungsprogramms von Aristokratie und gehobenem Bürgertum Europas (siehe zu Luzern den Reisebericht Arthur Schopenhauers, Seiten 150f.). Durch Mundpropaganda und die Verbreitung euphorischer Reiseberichte (siehe zu Luzern Gerhard Anton von Halem, Seiten 53ff.) erhöht sich die Zahl der Reisenden rasch und die guten Verbindungen dieser besonderen Kreise machen die Schweiz bald zu einem der meistbesuchten Länder Europas.

Dies alles gilt aber noch nicht zwingend für die Stadt Luzern. Obwohl einzelne Reisende hier bereits eine Ausnahme machen, neben Schopenhauer etwa Johann Wolfgang von Goethe, der 1779 nach Luzern kommt und das in seinen Reisebeschreibungen immer wieder erwähnte Relief des Generals Pfyffer besichtigt (siehe Bild Seite 158), beginnt die eigentliche touristische Entdeckung der Zentralschweiz mit der Rigi. Der Erfolg dieser «Königin der Berge» (der Name leitet sich her von *Mons Regina*, den Albrecht von Bonstetten ihr 1497 gibt) gründet auf ihrer relativ leichten Zugänglichkeit und der ausgezeichneten Panoramasicht, die sich von ihrem Gipfel auf einen Grossteil der Schweizer Alpen eröffnet.

Um die Rigi zu erreichen, musste man allerdings nicht zwangsläufig über Luzern reisen, vor allem nicht, solange es noch keinen Bahnhof gab (der erste Zug trifft 1859 in Luzern ein). In jener Zeit sind die Ereignisse um die Helvetische Republik (von 1798–1803; Luzern ist offiziell Hauptstadt von 1798–1799) oder den Sonderbundskrieg (1847) für die Stadt literarisch fruchtbarer: Primär Schweizer Schriftsteller verarbeiten diese Geschehnisse immer wieder in literarischen Werken, wenn auch oft erst im Nachhinein (siehe etwa Anna Richli, Seiten 143f. bzw. Konrad Neumann, Seiten 131ff.).

Es ist für Luzern wie zuvor für die Genferseeregion ebenfalls ein literarisches Werk, das eine Art Durchbruch bringt bei den Besucherzahlen der Stadt. Die Aufklärung hatte – gerade weil sie sich durchwegs mit zumeist absolutistischen Monarchien konfrontiert sah – letztlich auch die Befreiung des Menschen zu politischer Selbst-

und Mitverantwortung zum Ziel. Ein Postulat, das die «Eidgenossen» in den Augen der Zeitgenossen offenbar schon vor Jahrhunderten verwirklicht hatten (prägend für diese Meinung war der Schweizer Geschichtsschreiber Johannes von Müller). Zu der Alpenbegeisterung kam daher schon bald jene Begeisterung für die schweizerische Freiheit und Demokratie hinzu, die 1804 – nachdem die restaurative Wende nach der Helvetik die vermeintliche Volksherrschaft eigentlich bereits als absolutistische Patrizierdespotie entlarvt hatte – ihre literarische Krönung in Friedrich Schillers *Wilhelm Tell* fand. In der Folge erleben die «Waldstätten» und die Rütliwiese am Vierwaldstättersee eine regelrechte Reisewelle der Begeisterung ob der «ersten Demokratie Europas».

Sie widerspiegelt sich auch in den Besucherzahlen Luzerns, die nun sprunghaft ansteigen, besonders nach Inbetriebnahme des ersten Dampfschiffes, das ab 1837 zwischen der Stadt und Flüelen verkehrte und nicht nur den Besuch auf der Rütliwiese erleichterte, sondern ausserdem die allgemeinen Reisezeiten von Nord nach Süd über den Gotthard beträchtlich verkürzte. Luzern wurde nun eine zumindest wichtige Durchgangsstation.

Trotzdem: Nicht des provinziellen Städtchens wegen kommen die Reisenden Ende des 18. und weit bis in die Mitte des 19. Jahrhunderts nach Luzern. Es ist die nahe Alpenwelt, die Rigi, der Pilatus, und die nahe Rütliwiese, die sie locken. Dies geht aus zahlreichen zeitgenössischen Reiseberichten, Briefen, Gedichten etc. hervor, die im Zusammenhang mit Luzern kaum ein Wort über die Stadt selbst verlieren, dafür aber umso ausführlichere Beschreibungen der umgebenden Landschaft enthalten (auch in anderen Texten wird Luzern lange in unauflöslicher Verbindung mit der Landschaft betrachtet und beschrieben). Diese Texte fehlen in der vorliegenden Sammlung meist (Ausnahme: Gerhard Anton von Halem, Seiten 53ff.) auch darum, weil sie den Mikrokosmos Luzern mehr oder weniger aussparen.

Zwei Ereignisse bringen schliesslich die entscheidenden Veränderungen, die die Stadt Luzern von einem Etappenort für Durchreisende zum eigenständigen Reiseziel machen. Eines ist die Umwälzung in der Schweiz selbst ab den 1830er-Jahren, als die Föderation ihrem vorbildlichen Ruf als Demokratie wieder gerecht wird, die liberalen Kräfte die Oberhand gewinnen und 1848 den ersten liberalen Bundesstaat Europas errichten. Sie veranlasst führende liberale Intellektuelle aus Deutschland – wo ähnliche Bestrebungen im gleichen Jahr gescheitert sind –, in die Schweiz ins Exil zu gehen. Und es sind diese deutschen Intellektuellen, die vor allem von Zürich aus mit Gästen auch ins Herz der Schweiz fahren und immer wieder längere Zeit in Luzern verbringen. Diese Wirkung – die für die reformierten Gebiete der Schweiz allerdings viel stärker gegeben war – hielt an bis zur Gründung des Deutschen Reiches als deutscher Nationalstaat im Jahr 1871. Selbst Richard Wagner, der seit 1866 als ein solcher Exildeutscher in Luzern gelebt hatte und 1870 sogar in der protestantischen Matthäuskirche mit Cosima von Bülow getraut wurde, zog daraufhin 1872 zurück nach Bayreuth. Mit Wagners Wegzug – er ist bis heute der berühmteste Künstler geblieben, der je in Luzern gelebt hat – brach auch der Strom jener Besucher ab, die seinetwegen gekommen waren: unter anderem Friedrich Nietzsche (Seite 134) und König Ludwig II. (siehe Georg Herwegh, Seite 66).

Den zweiten, für Luzern ungemein wichtigeren Impuls für den Fremdenverkehr bringen die industrielle Revolution und mit ihr der soziale und ökonomische Wandel in den Herkunftsländern der Gäste. Das gehobene Bürgertum der Städte, das den Löwenanteil des gesellschaftlichen Reichtums – auch der arbeitsfreien Zeit – unter sich aufteilte, entdeckte das Reisen als neue und standesgemässe Form der Zerstreuung. Es ging nun also nicht mehr um die schöne Natur allein, sondern eher um die Schönheit eines bestimmten Ortes. So nimmt der Fremdenverkehr in der Mitte des 19. Jahrhunderts für Luzern doch noch sprunghaft zu. Das liegt neben der industriellen Revolution – mit der in Luzern selbst eine Vervierfachung der Stadtbevölkerungszahl von 1850 bis 1913 einhergeht – vor allem an den touristischen Vorteilen, die die Stadt dem reisenden Bürgertum durch ihre geographische Lage bieten kann: Sie liegt an einem See, wird von einem malerischen Flüsschen durchflossen und hat neben einem schönen Ausblick in die Bergwelt mit dem Pilatus und der Rigi gleich zwei Aussichtsberge in der Nähe. Mit der Eröffnung der Rigibahn 1871 und der Pilatusbahn 1889 werden die Zugänge zu diesen Aussichtspunkten nochmals bedeutend erleichtert. Solche baulichen Einschnitte erfolgen bereits eindeutig wegen des Geschäfts mit dem Tourismus: Die Idylle lässt sich lukrativ vermarkten, und so verändert auch die Stadt Luzern selbst ihr Gesicht auf einschneidende Weise.

Die Gasthäuser in der mittelalterlichen Altstadt zum Beispiel vermögen den steigenden Ansprüchen der neuen Reisenden kaum mehr zu genügen. So entstehen etwa ab den 1830er-Jahren im ehemals sumpfigen Gelände des rechten Seeufers zahlreiche Hotelbauten mit Sicht auf See und Berge. Vor allem die Eröffnung des Hotels Schweizerhof 1845 initiiert eine neue Ära der Stadtentwicklung. Denn die vorwiegend ausländischen Gäste verirren sich als Spaziergänger eher selten in die verwinkelten Gassen der Altstadt. Sie bevorzugen die neu angelegte Promenade am Quai. Im Zusammenhang mit dieser touristischen Entwicklung ist auch die Aufschüttung des nachmaligen Schwanenplatzes und der Abriss eines Teils der Kapellbrücke von 1834 bis 1854 zu sehen, das Schleifen von Stadttoren und eines Teils der Befestigungsanlagen ab Mitte des 19. Jahrhunderts (Weggistor, Mühletor, Ledertum, Kesselturm, Baslertor, Gütschturm und Sentitor etc.; der Judenturm wurde schon im 18. Jahrhundert geopfert), die Beleuchtung der Stadt mit Gaslaternen (1858; Elektrobeleuchtung ab 1896) oder die Inbetriebnahme eines Trams ab 1899.

Dazu folgen weitere Attraktionen, die nun teilweise in gezielt touristischer Absicht gebaut werden: das Löwendenkmal 1821, der Gletschergarten 1873, 1884 die Gütschbahn, das Bourbaki-Panorama 1889, 1896 der sogenannte Kursaal (= Casino; hier traten unter anderen Eleonore Duse und Sarah Bernhardt auf), 1898 ein Schwanengehege, 1901 das Alpineum, 1902 das Internationale Kriegs- und Friedensmuseum, der Hammetschwandlift beim Bürgenstock auf Stadtluzerner Gebiet (er steht auf einer Exklave) 1905, eine Luftschiffhalle für gleich zwei Zeppeline 1910 oder die Dietschibergbahn 1912. Zudem finden ab 1899 Ruderregatten statt, ab 1909 Pferderennen. Mit dem Anstieg der Gästezahlen nehmen auch die Zeugnisse von reisenden Literaten zu. Zwischen 1850 und 1914 gibt es für die Stadt Luzern eine Unmenge von schriftlich festgehaltenen Eindrücken aller Art.

Mit dem Beginn des Ersten Weltkriegs 1914 nimmt die Zahl der Gäste in Luzern schlagartig ab. Danach sollte es Jahrzehnte dauern, bis sich das Luzerner Tourismusgewerbe von den Folgen des Weltkrieges erholt. Inflationen, Weltwirtschaftskrise 1929 und Zweiter Weltkrieg bedeuten ständige Tiefschläge (die Internationalen Musikfestwochen IMF [heute: *Lucerne Festival*] wurden 1938 unter anderem gegründet, um wieder ausländische Touristen anzulocken). Erst der Wirtschaftsaufschwung der Nachkriegszeit bringt mit dem allgemeinen Wohlstand der Ersten Welt neuerlich vermehrt Touristen nach Luzern, 1957 schliesslich wird mit dem Hotel Astoria das erste Hotel seit 44 Jahren eröffnet, 1959 als neuer Anziehungspunkt das Verkehrshaus. Freilich ist das Reiseverhalten der Gäste nun anders. Durch die zunehmende Mobilität nimmt etwa die Aufenthaltsdauer von Wochen auf wenige Tage ab.

Die Reisegruppe der Literaten verliert in dieser Zeit an Luzern als Reiseziel wie an der ganzen Schweiz ihr Interesse: Diese Stadt ist nicht mehr «die Welt», dem schweizerischen Regierungssystem haftet nichts Aussergewöhnliches mehr an, die Reiseliteratur und der Tourismus wenden sich exotischeren Schauplätzen zu. Einige literarische Wahrnehmung verschafft immerhin noch jene Verbindung mit der Tschechoslowakei nach 1968, als Luzern quasi zu einem «Literaturhafen von Prag»[2] wird. Aber den allgemeinen touristischen Aufschwung bringen seither vor allem die Touristen aus Asien, die mit dem «Heidi-Kult» im Herzen in eine Landschaft im Stil der «Swiss Miniature» angereist kommen. Es sind entsprechend wenige Literaten darunter.[3] Ganz neu mögen es wieder die Russen sein, die auf den Spuren ihrer literarischen Landsleute nach Luzern kommen, ein Buch wie Michail Schischkins *Die russische Schweiz*[4] kann davon zeugen.

In der Schweiz selbst, wo im 20. Jahrhundert eher spät eine Hinwendung zum regionalen Schreiben geschieht, die dann aber Luzern recht oft einbezieht (etwa Franziska Greising, Seiten 46ff.), inspirieren zuvor vor allem die Bahnhofsbrandkatastrophe 1971 (etwa Gertrud Leutenegger, Seiten 101f.) und der Brand der Kapellbrücke (etwa Niklaus Meienberg, Seiten 115f.) oder wiederkehrende regionale Spezialitäten wie die Fasnacht oder das Seenachtsfest (etwa Margrit Schriber Seiten 152f.) Schriftstellerinnen und Schriftsteller zu literarischen Zeugnissen.

Der sich ändernde Blick – ein historischer Vergleich

Erst mit dem oben skizzierten Wissen über die Vorbedingungen der Textproduktion lassen sich nun die verschiedenen Texte innerhalb eines bestimmten Zeitrahmens vergleichen, ohne von vornherein die falschen Schlüsse zu ziehen.

Sicher ist, dass sich in den zeitgenössischen literarischen Texten lange kaum etwas findet zu den einschneidenden Veränderungen im Stadtbild Luzerns. Dass Stadttore und ein Teil der Befestigungsanlagen geschleift wurden, schien im beginnenden 19. Jahrhundert die wenigsten Autorinnen oder Autoren ernsthaft zu beschäftigen. Für die Gäste kam aus deren Sicht sowieso etwas «Besseres», und die Einheimischen erlagen wohl dem allgemeinen Fortschrittsoptimismus der Industrialisierung. Die moderne Technik wirkt als Katalysator einer Utopie, in der ein zügiges, genussvolles Leben möglich wird: «Auf der nahen Eisenbahn aber rollten die Lokomotiven schon fleissig hin und her, und die Dampfer flogen auf dem See in allen Richtungen dahin, um ihre Insassen nach Alpnach, Küssnacht und Flüelen zu tragen und sie von da aus in verschiedene Kantone der Schweiz sich zerstreuen zu lassen» (Seite 37), während die Totentanz-Bilder auf der Spreuerbrücke für ein dunkles Mittelalter stehen müssen: «Es ist eine erbärmliche Fratze, die blos als ein Ueberbleibsel aus einem finstern Zeitalter und aus einem bereits verschollenen Zustande menschlicher Verkehrtheiten einigen Werth haben kann.» (Seite 24) Es scheint, als wäre selbst der Tod in der Technikbegeisterung schon bezwungen.

Erst im weit fortgeschrittenen 19. Jahrhundert und in rückschauenden Texten ändert sich der Blick zu einer kritischen Perspektive auf die städtebaulichen Veränderungen und die moderne Technik. So ist Tolstoi einer der ersten, der in seiner Erzählung *Luzern* (Seiten 170f.) und in seinen Tagebüchern 1857 die «Unberührtheit» der Natur dem mondänen Tourismusbetrieb mit seinen «verschandelnden» Hotelbauten und den Amüsierbetrieben gegenüberstellt.

Grundsätzlich beginnt sich im Verlauf des 19. Jahrhunderts der Ton vor allem der Briefe und Essays, aber auch der belletristischen Texte zu wandeln. Während zu Beginn des 19. Jahrhunderts und im Zuge der allgemeinen Schweiz-Begeisterung die Darstellungen Luzerns euphorisch gehalten sind, nehmen gegen Ende des Jahrhunderts die kritischen Stimmen zu. Mark Twain macht sich nicht bloss über den Luzerner Tourismusbetrieb lustig, sondern gleich über die Luzerner selbst, über ihren Kaufwahn oder ihre angeblich fehlende Hingabe zum Kunstgenuss (Seiten 174ff.).

Eine zunehmend kritische Haltung gegenüber Luzern, seinen Menschen und dem täglichen Leben zeigen mit der Zeit auch die Texte der ortsansässigen Literaturschaffenden. Denn wie man sich in der Literatur weltweit zunehmend dem Alltag und den «Kleinen Dingen» zuwendet, seinen Sorgen und Ängsten, so tut man dies hierzulande oder mit den Sehenswürdigkeiten von hier vor Augen ebenso.

Dadurch ändert sich selbst der Blick in die schöne Natur der Luzerner Berg- und Seenlandschaft, die über die Jahrhunderte zu einem Klischee wurde und deren Beschreibung als Ideallandschaft oft zum Stereotyp geriet. Spätestens gegen Ende des 19. Jahrhunderts provozierte der Blick die ironische Brechung – wie etwa bei Beatrice Whitby gleich mehrfach: «One evening it happened that Gertrude was leaning out of her window at Lucerne and looking upon the lake, the lovely vales and melting hills, the glorious snow-capped mountains, with eyes wet with tears and an ache (which she would have called *Weltschmerz*) at her heart, because of the unattainable beauty and majesty before her.»[5] Als Gertrude dann den Kopf senkt, gewahrt sie den Hinterkopf eines unwillkommenen Verehrers, der sie bereits auf der Terrasse erwartet: «The descent from the Alps to Mr. Douglas was beyond the capacity of Gertrude's mountaineering mind; she lifted her eyes again to the peaks of Pilatus.»

Interessant ist, wie unterschiedlich die Sehenswürdigkeiten von Luzern über die Jahrhunderte gewertet werden: Waren es ganz früh für die Touristen vor allem Kuriositäten wie etwa das berühmte Relief von Pfyffer, das von heutigen Luzernbesuchern kaum mehr beachtet wird, so haben das Löwendenkmal und der Wasserturm sich ihren Reiz erhalten oder noch gesteigert. Und bezeichnete man Luzern früher öfter auch als «Stadt der Türme» (Siehe Theodor Wirz, Seite 196) so würde ein asiatischer Tourist heute darin wohl eher eine Stadt der Uhren und Farbedelsteine (jährlicher Umsatz mit farbigen Edelsteinen: eine Milliarde Franken) sehen, wo der *Shopping Day* oder die *Shopping Hour* fest eingeplant ist – auch sonntags.

Erschreckend häufig, so zeigen die Texte aus den verschiedenen Jahrhunderten, hat es in Luzern gebrannt – und das nicht immer im Kleinformat: 1633 brennt die Hofkirche ab (Seite 100), 1833 ein Teil der Altstadt (Seiten 92ff.), im Sonderbundskrieg 1848 brennt es (Seite 132) und zwei Mal wird der Luzerner Bahnhof ein Raub der Flammen (Seiten 101f.), 1993 die Kapellbrücke (siehe Seiten 115f.) Nicht umsonst wohnten die Bäcker, dem lateinischen Ausdruck *pistor* folgend auch «Pfister» genannt, weil sie für ihr Tagwerk schon früh die Öfen anzünden mussten und dadurch eine Brandgefahr darstellten, am Rande der Stadt in der nach ihnen benannten Pfistergasse. Dieser Stadtteil (die «Kleine» Stadt) brannte insgesamt drei Mal ab.

Eine ganz andere Dimension tut sich beim Zeitenvergleich noch auf, wenn man Texte aus früheren Tagen dem Bild der Stadt von heute gegenüberstellt. Das kann zunächst heissen, dass man mit Erstaunen liest, was an Gebäuden und Strassen früher alles noch nicht vorhanden war oder umgekehrt: was alles vorhanden war. Das ist noch einfach. Aber richtig beängstigend wird es dort, wo ein Text in die Zukunft blickt, und man heute hingehen kann, und die Voraussage bestätigt findet: «Ich kann ein Lineal nehmen und fünfzig Zentimeter für die nächsten fünfzig Jahre abstecken.» (Seite 36) Zsuzsanna Gahse sagt hier Mitte der 1990er-Jahre voraus, wie es in ungefähr 50 Jahren am Sonnenberghang aussehen wird, was die «Einzonungen» (das schweizerische Unwort für: Land freigeben für Bauprojekte) und die auf diese folgenden Überbauungen betrifft. Dass dies bereits knappe 20 Jahre später Wirklichkeit geworden ist, macht den Schock über unsere Häusle bauende Berechenbarkeit nicht kleiner.

Literarisch interessant ist der formale Vergleich der Textausschnitte: Ab wann wird Luzern nicht nur in Briefen und Reiseberichten erwähnt, sondern zum Stoff fiktionaler Texte, etwa zum Schauplatz eines Romans? Dies lässt sich vom Beginn des 19. Jahrhunderts an zunehmend feststellen. Es ist die Zeit, in der allgemein der Roman langsam als wichtigste Literaturgattung dem Epos und dem Drama den Rang abläuft, und man kann ab der Mitte des 19. Jahrhunderts regelrecht zusehen, wie mehr und mehr Romane, Erzählungen, Novellen und Kurzgeschichten die Stadt Luzern mitverarbeiten und eine Geschichte oder einen Teil ihrer Handlung vor dieser Kulisse spielen lassen.

Doch schon vor der Hochblüte des Erzählens im 19. Jahrhundert finden sich erste belletristische Verarbeitungen Luzerns: Johann Martin Usteri sang sein Lied (Seiten 178ff.) schon ab 1815, und das Theater der *Danck-Sagenden Pallas* – in der Luzern als Figur auftritt – wurde bereits 1741 uraufgeführt (Seiten 205ff.). Zudem sind die Sagen, wie sie etwa die Gebrüder Grimm 1816/1818 herausgeben (Seiten 50f.), von ihnen durchaus im literarischen Sinne nachbearbeitet worden.

Nicht selten sind Texte, in denen sich die literarischen Gattungen und damit auch die Fiktionalitätsgrade zu vermischen beginnen: Gerade die zahlreichen ausländischen Autoren setzen häufig eine selbst erlebte Reise in eine fiktionalisierte Reise um, ganz früh etwa James Fenimore Cooper (Seiten 22ff.). Da kann es durchaus vorkommen, dass die Reiseschriftsteller in ihrem Bemühen um Originalität, aber auch, weil sie die Leserinnen und Leser, die sich zuhause bereits ein Bild dieser Schweiz und dieses Luzerns gemacht haben, nicht enttäuschen wollen, in die novellistische und abenteuerliche Erfindung ausweichen. Deutlich ist dies bei Twain (Seiten 174ff.). Aber bereits bei Johann Gottfried Seume darf man sich fragen, ob er die Geschichte über die Forellen tatsächlich so dargeboten bekam (Seite 158). Und vermutlich hat auch schon Cysat nicht ganz an die behauptete Grösse seines Gespensts geglaubt. (Seiten 25f.)

Der Blick durch die Brille
Spannend kann es sein, wenn man sich auf die Suche macht nach den immanenten Regulierungen des Blicks, den die Texte auf Luzern vorgeben.

Vorauszusetzen ist, dass jeder Mensch «Welt» stets in der Spiegelung des eigenen Ichs, innerhalb einer Lebenssituation bis hin zur Tagesbefindlichkeit wahrnimmt. Wenn François-René de Chateaubriand mit damals fast 64 Jahren weltweh klagt, so hätte er das wohl überall getan: «Unter dem Gewölbe meiner Jahre, wie unter dem der beschneiten Berge, die mich umgeben, wird kein Strahl der Sonne mich erwärmen. Welches Elend, durch diese Berge die müden Schritte zu schleppen, denen niemand folgen möchte.»[6] Bezeichnenderweise schreibt er diese Passage nicht etwa auf einer Wanderung, sondern auf einem Schiff mitten auf dem «Luzernersee».

Auch spielt selbstverständlich der Erfahrungshorizont eine Rolle, von dem her man als Schreibender einen Ort wahrnimmt, nicht zuletzt das historische, oft national bestimmte Bewusstsein – meist wiederum das der eigenen Heimat – und die Prägung durch frühere Landschafts- und Städterlebnisse. Das aber soll hier nicht vordergründig gemeint sein, sondern eben: Was steuert und regelt die Wahrnehmung der Autorinnen und Autoren, was engt ihren Blick ein, was weitet ihn? Einen direkten Vergleich erlauben hier zum Beispiel die beiden Texte von Leo Nikolajewitsch Tolstoi und Vladimir Benediktov: Während Tolstoi 1857 die Reisenden, ja die ganze Gesellschaft und insbesondere den Tourismusbetrieb eher negativ um- und beschreibt (Seiten 170f.), so liegt bei Benediktov ein Jahr später noch das völlig ungetrübte Bild der Landschaft und all ihrer Herrlichkeit vor

(Seiten 17f.). Ähnliche Phänomene kann man bei einigen zeitgleichen Texten beobachten, vor allem, wenn der eine von einem Gast stammt, der andere von einem oder einer einheimischen Schreibenden. Eklatant werden die Auffälligkeiten, wenn ein Text sich zum vornherein für ein bestimmtes Publikum geschrieben versteht. Jene Texte etwa, die als Werbung für den Tourismus im weitesten Sinn verfasst wurden, klammern das Rotlichtmilieu im Unterschied wiederum zu Tolstoi, der es immerhin andeutet, aus. Frappant anders erscheint einem da zum Beispiel der Text von Franziska Greising, der schon im Titel nicht ausspart, was den lebendigen, ungeschönten Alltag einer Stadt auch ausmacht (Seiten 46ff.). Und einen Textausschnitt wie den Theodor Fontanes fänden wir trotz all der Hinweise, die auch für Luzernerinnen und Luzerner neu sein können, eindeutig zu belehrend, wenn er nicht als Vortrag gehalten worden wäre (Seiten 32ff.).

Vor allem bei zurückblickenden Texten oder solchen, die in einer Vergangenheit spielen, ist die Gefahr der Verklärung in die eine oder andere Richtung jedoch besonders hoch. Bei der mitten im Zweiten Weltkrieg veröffentlichten *Erzählung aus der Zeit des Sempacherkrieges* von Adolf Haller, *Heini von Uri,* werden die tapferen Männer von Luzern schon in ihrer Körperlichkeit als besonders robust und heldenhaft beschrieben: «Niklaus von Matt mass den Schultheissen mit unerschrockenem Auge. Ohne ein Wort zu antworten, wandte er sich zur Seite, zog da einen kräftigen Mann am Arme, legte dort einem zweiten die schwere Hand auf die Schulter, und nach wenigen Augenblicken schon wuchteten die regelmässigen Ruderschläge durch den aufgewühlten See. Von Matt führte das Steuer und kommandierte kurz und scharf.» (Seite 59) Dafür macht dann Ludwig Marcuse in Bezug auf die zahlreiche Wagnerliteratur explizit auf dieses oft Süsslich-

Falsche retrospektiver Texte aufmerksam und korrigiert dies in seinem Wagner-Text offenkundig (Seiten 113f.).

Aufzupassen gilt es da, wo die Verklärung zu einer bewussten ästhetischen Haltung wird, die den Text und die darin beschriebenen Ereignisse auf eine berechnende Art verformen. So hat man bei Agnes von Segesser (Seiten 188ff.) und Anna Richli (Seiten 143f.) stets leicht das Gefühl, dass sie die französische Gründung der Schweiz (Helvetik) wohl gerne etwas negativ oder gar als drohende Gefahr darstellen.

Eine ganz andere Art bewusster Schreibhaltung haben wir vor uns bei Autoren, die in ihren Texten Luzern gar nicht wahrzunehmen scheinen. Der Tagebucheintrag von Klaus Mann (Seite 112) könnte überall geschrieben sein. Übertroffen wird er von seinem Vater Thomas Mann, der insgesamt gut zehn Mal in Luzern war und darüber – ausser kleineren Tagebucheinträgen und kurzen Briefstellen – nie geschrieben hat. Und ein literarisches Phänomen besonderer Art ist einmal mehr Franz Kafka, der aus allen luzernischen Eigenheiten seinen Tagebucheintrag zu einem echten Kafka-Text formt (Seiten 75f.). Als Luzerner Leserin oder Leser steht man diesem Text gegenüber wohl völlig überrascht da und mag sich fragen, ob das denn nicht eher eine spiegelnde Parallelwelt sei, die der Autor da beschrieb.

Ein Sonderfall ergibt sich, wo «Literatur» auf «Wirklichkeit» trifft. Wenn sich zum Beispiel der «Schweizerhof» mit Tolstoi in der russischen Literatur derart zu einem festen Begriff gemausert hat, dass er schon wieder nerven kann, versteht man den Titel eines Gedichts von Wladislaw Felizianowitsch Chodassewitsch gleich besser: *In diesem dummen Schweizerhof*, heisst es (nicht im Lesebuch vertreten). Dies ist erst recht dort verständlich, wo eine aus Büchern mitgebrachte Idealvorstellung bei einem Besuch der Stadt gegen die vorgefundene Wirklichkeit prallt, zu sehen bei Ivan Vazov oder bei Alphonse Daudet, der – frisch enttäuscht von einer Schweizerreise – gleich das ganze Land mit einem Schlag kritisiert: «Die Schweiz, Monsieur Tartarin, ist heutzutage nichts anderes mehr als ein riesengrosser Kursaal, der von Juni bis September geöffnet ist, ein Kasino mit Panorama, wohin die Leute aus allen vier Erdteilen kommen, um sich die Langeweile zu vertreiben.»[7]

Der Blick vom Text in die Stadt. Literarische Spuren in Luzern

Die Literaten und ihre Werke haben in Luzern bis heute zahlreiche markante Spuren hinterlassen. Einerseits gibt es Erinnerungszeugen, etwa ein Denkmal (*Liegende*) oder einen nach dem Nobelpreisträger Carl Spitteler benannten Quai; es gibt unter anderem ein Gedenkzimmer im Am-Rhyn-Haus für Cécile Lauber und Kuno Müller; es gibt eine Gedenktafel am Hotel, wo Goethe 1779 übernachtet hat; eine Porträtbüste von Arnold Ott im «Trottli»; und an der Uferpromenade beim Hotel Palace findet man eine Gedenktafel für Tolstoi, am Rathausturm eine für Renward Cysat.[8]

Dann gibt es staatliche und private Institutionen wie Museen und Archive, die das Wissen und Gedenken an Dichter von und in Luzern pflegen, etwa das Wagner-Museum auf Tribschen, das auch Nietzsches Verhältnis zu Luzern thematisiert; es gibt die Zentral- und Hochschulbibliothek (ZHB), die gelegentlich eine kleine Ausstellung zu Autorinnen oder Autoren mit Luzern-Bezug konzipiert; in der ZHB liegen auch die Luzerner Chronik des Diebold Schilling aufbewahrt sowie Autorennachlässe aus der Region Luzern; und es gibt schliesslich das Stadt- und das Staatsarchiv, die sämtliche Literatur zu Luzerner Autorinnen und Autoren dokumentiert.

Unscheinbarer sind jedoch jene literarischen Spuren, die nur von aufmerksamen Stadtgängern aufzufinden sind. Das Spektrum ist weit: vom schlecht gekennzeichneten Wohnhaus Carl Spittelers an der Gesegnetmattstrasse 12 bis hin zu einem schlichten Eintrag Friedrich Dürrenmatts im Gästebuch des Hotels Palace: «Friedrich Dürrenmatt / 29.–31.8.90.»[9] Eher diskret machen sich auch die nach Schreibenden benannten Luzerner Strassen bemerkbar: Es finden sich immerhin eine Diebold-Schilling-Strasse, eine Cécile-Lauber-Gasse und eine Cysatstrasse ...

Manche Spuren erkennen nur Eingeweihte: An der Rezeption des Hotels Rebstock zum Beispiel steht immer ein Korb voller Äpfel, weil Franz Kafka seinerzeit gerne Obst zum Abendbrot gehabt hätte (Seite 75), was ihm nicht angeboten werden konnte. Und wo der angehende Schriftsteller Meinrad Inglin als Uhrmacherlehrling gewohnt hat, kann man sich etwa auf einem literarischen Rundgang von «literaturspur» (www.literaturspur.ch) zeigen lassen. Aber auch die *Schwingergruppe*, für die sich Carl Albert Loosli einsetzte (Seiten 107ff.), steht noch im «Inseli».

Vor allem aber sind viele der von all den Schriftstellerinnen und Schriftstellern beschriebenen Orte bzw. die Schauplätze noch vorhanden, in denen sie ihre Figuren handeln liessen oder weinen, über das Leben nachdenken oder tot zusammensinken: all die Gässchen, Quais, Häuser, Läden, der Platz vor dem Löwendenkmal, der Strand am Vierwaldstättersee und das Café mit Blick auf Rigi, Pilatus und den Bürgenstock. Und nicht ganz zuletzt hat man nach dem Lesen all der vorliegenden Ausschnitte vielleicht mal ein Déjà-vu, wenn man bestimmte Luzerner sieht, wie sie sich seit Jahrhunderten durch die Stadt bewegen, mal schlurfend, mal aufrecht, mal eilend, mal kriechend, wie sie hier sitzen und essen, sich küssen und darauf warten, von weiteren Literaten beschrieben zu werden, von Einheimischen und von Gästen.

***

Anmerkungen zum Nachwort

Allgemein: Die herangezogenen Quellen für die Anmerkungen zu den einzelnen Texten und für das Nachwort sind derart zahlreich, dass sie hier nicht aufgeführt werden können. Nachgewiesen werden deshalb nur direkte Zitate und einige wenige Hintergrundinformationen, die nicht allgemein zugänglich sind. Die Zitate aus den hier im Lesebuch vorliegenden Texten (oder Hinweise auf die Texte) werden im Nachwort durch Seitenangabe in runden Klammern nachgewiesen.

[1] Wolf von Niebelschütz: Auch ich in Arkadien. Respektlose Epistel an die Freunde. Zürich 1987, S. 13.
[2] Karl Bühlmann und Perter Schulz (Hrsg.): Luzern, Literaturhafen von Prag 1968–1989. Luzern 1998.
[3] Mail des Sinologen und Asien-Experten Raoul D. Findeisen an den Herausgeber vom 8. November 2010.
[4] Michail Schischkin: Die russische Schweiz. Ein literarisch-historischer Reiseführer. Zürich 2003.
[5] Beatrice Whitby: On the Lake of Lucerne. In: Beatrice Whitby: On the Lake of Lucerne and Other Stories. New York 1891. Zitiert nach: Beatrice Whitby: A Matter of Skill and Other Stories. London 1896, S. 182. Nachfolgendes Zitat von S. 183. Der Text ist nicht im Lesebuch vertreten.
[6] François-René de Chateaubriand. Zitiert nach: Kuno Müller: Innerschweiz. Essays. Luzern 1960, S. 163. Der Text ist nicht im Lesebuch vertreten.
[7] Alphonse Daudet. Zitiert nach dem Projekt Gutenberg-DE (http://gutenberg.spiegel.de). Der Text ist nicht im Lesebuch vertreten.
[8] Weitere Gedenkzeichen findet man im Handbuch «Kunst im öffentlichen Raum der Stadt Luzern», herausgegeben vom Verein «Kunst animiert Kunstinteresse». Luzern 2010 oder im Buch «Literarische Innerschweiz» von Ulrich Suter, Albert Koechlin Stiftung AKS 2011, S. 517.
[9] Für diese Auskunft dankt der Herausgeber dem Hotel Palace, Luzern.

Zu Auswahl und Edition

Ausgewählt wurden literarische Texte, die entweder Luzern beschreiben, sich auf die Stadt beziehen, deren Handlung in Luzern spielt oder die in Luzern verfasst wurden. Verzichtet wurde dabei auf volkstümliche Lieder, auf Fastnachtsliteratur u. Ä. Genauere Auskunft erteilt der Herausgeber: dr@dominikriedo.ch.

Für den Abdruck der in der vorliegenden Anthologie versammelten Texte wurde zum Teil auf Erstausgaben, Manuskripte oder Handschriften zurückgegriffen. Offensichtliche Druckfehler wurden stillschweigend verbessert und die Schreibung stellenweise vereinheitlicht. Einige wenige Texte wurden überdies vom Autor oder der Autorin für den Druck geringfügig überarbeitet. Als Textnachweis dienen aber generell urheberrechtlich autorisierte bzw. leicht zugängliche Ausgaben. Auslassungen sind mit drei Asterisken kenntlich gemacht. Die Anmerkungen zu den einzelnen Texten sowie die meisten Textüberschriften verantwortet der Herausgeber.

Dominik Riedo dankt herzlich für Hinweise, ausgeliehene Bücher und die Mithilfe bei der Texterfassung: Roland Altenburger, Joseph Bättig, Reto Brunner, Rosemarie Dvorák, Raoul D. Findeisen, Robert H. Gassmann, Heinz Gérard, Al Imfeld, Eduard Klopfenstein, Martina Kuoni, Beat Mazenauer, Pirmin Meier, Kurt Messmer, Barbara Piatti, Therese Schilter, Kurt Steinmann, Ulrich Suter und Peter von Matt.

Ein besonderer Dank geht an Katharina Meyer, die bei den Anmerkungen und der Korrektur der literarischen Texte unzählige Stunden Vor- bzw. Mitarbeit geleistet hat!

Textnachweis

Andersen, Hans Christian: *Tagebücher 1825–1875*. Frankfurt a. M.: Insel-Verlag 2003. [Die zitierten Stellen hier im Lesebuch stammen allerdings direkt aus dem originalen Tagebuch.]

Andreas-Salomé, Lou: *Lebensrückblick – Grundriss einiger Lebenserinnerungen*. Frankfurt a. M.: Insel-Verlag 1968.

Arnim, Bettina von: *Die Günderode*. Frankfurt a. M.: Insel-Verlag 1982.

Benediktov, Vladimir: *Luzern*. In: *Landschaft und Lyrik. Die Schweiz in Gedichten der Slaven. Eine kommentierte Anthologie*. Basel: Schwabe Verlag 1998.

Bortlik, Wolfgang: *Du sollst den Namen des Herrn, deines Gottes, nicht missbrauchen*. In: *Kick'n'Rush. Die Bibel*. Luzern: Kick'n'Rush Fan-Club 2008.

Cooper, James Fenimore: *Ausflüge in die Schweiz*. Frankfurt a. M.: Verlag J. D. Sauerländer 1836.

Cysat, Renward: *Collectanea chronica und denkwürdige Sachen. Pro chronica Lucernensi et Helvetiae*. Luzern: Diebold Schilling-Verlag 1969. / Nacherzählung durch Müller, Kuno: *Luzerner Sagen*. Luzern: Verlag Eugen Haag 1964.

Dostojewski, Fjodor Michailowitsch: *Der Idiot. Roman*. Frankfurt a. M.: Verlag S. Fischer 2010.

Eichendorff, Joseph von: *Geschichte der poetischen Literatur Deutschlands*. Zürich: Paderborn Verlag 1987.

Federer, Heinrich: *Lieber leben als schreiben!* Luzern: Verlag Pro Libro 2008.

Flake, Otto: *Die Sanduhr*. Baden-Baden: Verlag P. Keppler 1950.

Fontane, Theodor: *Denkmäler in der Schweiz*. In: *Umgang mit der Schweiz. Nichtschweizer über die Schweiz und ihre Erfahrungen mit ihr*. Frankfurt a. M.: Suhrkamp Verlag 1990.

Gahse, Zsuzsanna: *Kellnerroman*. Hamburg: Europäische Verlagsanstalt 1996.

Galen, Philipp: *Der Löwe von Luzern. Roman*. Leipzig: A. Schumanns Verlag 1906.

Gebhard, Heinrich: *Luzerner Septett*. In: *Innerschweizer Schriftsteller. Texte und Lexikon*. Luzern und Stuttgart: Raeber Verlag 1977.

Goethe, Johann Wolfgang von: *Briefwechsel zwischen Goethe und Knebel (1774–1832)*. Leipzig: Brockhaus 1851.

Grabenhorst, Georg: *Die Reise nach Luzern*. München: Albert Langen – Georg Müller Verlag 1939.

Greising, Franziska: *Luzern in zwölf Texten und 71 Bildern. Ein Stadtbuch*. Luzern: Stadt Luzern 1995.

Grimm, Jacob und Wilhelm: *Deutsche Sagen*. Darmstadt: Wissenschaftliche Buchgesellschaft 1999.

Gussewa, Sinaïda: *Schweizer Skizzen*. In: *Die russische Entdeckung der Schweiz: Ein Land, in dem nur gute und ehrbare Leute leben*. Zürich: Limmat Verlag 1989.

Halem, Gerhard Anton von: *Blicke auf einen Theil Deutschlands, der Schweiz und Frankreichs bey einer Reise vom Jahre 1790*. Bremen: Temmen Verlag 1990.

Haller, Adolf: *Heini von Uri. Erzählung für die Jugend aus der Zeit des Sempacherkrieges*. Aarau: Verlag H.R. Sauerländer & Co. 1942.

Hasler, Eveline: *Die Vogelmacherin. Die Geschichte von Hexenkindern*. München: Nagel & Kimche im Carl Hanser Verlag 1997.

Helbling-Kottman, Elisabeth: *Aus meiner alten Stadt. Geschichten und Märchen*. Luzern: Verlag Eugen Haag 1934.

Herwegh, Georg: *Neue Gedichte. Herausgegeben nach seinem Tode*. Zürich: Verlags-Magazin 1877.

Hesse, Hermann: *Sämtliche Werke*. Bd. 13. Frankfurt a. M.: Suhrkamp Verlag 2003.

Hösli: *Reussbühl*. Song vom Album *Reussbühl*. Cham: COD Records AG 1992.

Huch, Ricarda. *Luzern*. In: *CORONA*. Zweimonatsschrift. Sonderdruck. München u. a.: R. Oldenbourg Verlag 1932.

Hugo, Victor: *Voyages en Suisse*. Lausanne: Editions l'Age d'Homme 2002.

Kafka, Franz: *Tagebuch aus der Schweiz, Sommer 1911*. In: *Umgang mit der Schweiz. Nichtschweizer über die Schweiz und ihre Erfahrungen mit ihr*. Frankfurt a. M.: Suhrkamp Verlag 1990.

Kaufmann, Franz Joseph: *Der Hagelschlag über Luzern*. In: *Vestigia temporum. Aus den Schriften der Professoren an der höheren Lehranstalt des Kantons Luzern seit 1578*. Luzern: Räber Verlag 1968.

Keller, Augustin: *Der Bettelknabe*. In: *Vestigia temporum. Aus den Schriften der Professoren an der höheren Lehranstalt des Kantons Luzern seit 1578*. Luzern: Räber Verlag 1968.

Keller, Gottfried: *Sämtliche Werke*. Bd. 22. Bern: Benteli Verlag 1948.

Klapproth, Ruedi: *Das Geheimnis im Turm*. Luzern und München: Rex-Verlag 1970.

Kohout, Pavel: *Luzern. Begegnung auf der Brücke*. In: *Luzern in Dichtung und Farbaufnahmen*. Luzern und Frankfurt a. M.: Verlag C. J. Bucher AG 1971.

Kopp, Josef Vital: *Erbe und Aufbruch. Ein Lesebuch*. Luzern: Verlag Pro Libro 2006.

Kopp, Joseph Eutych: *Das Brandunglück*. In: *Vestigia temporum. Aus den Schriften der Professoren an der höheren Lehranstalt des Kantons Luzern seit 1578*. Luzern: Räber Verlag 1968.

Lauber, Cécile. *Gesammelte Werke*. Bd. 3. Bern: Benteli Verlag 1970–1972.

Leutenegger, Gertrud: *Das verlorene Monument*. Frankfurt a. M.: Suhrkamp Verlag 1985.

Lienert, Otto Hellmut: *Traumhaftes Luzern*. In: *Luzern in Dichtung und Farbaufnahmen*. Luzern und Frankfurt a. M.: Verlag C. J. Bucher AG 1971.

Z. Linden: *Luzärn. Grimts und Ungrimts*. Luzern: [Selbstverlag] 1955.

Loosli, Carl Albert: *Werke*. Bd. 7. Zürich: Rotpunktverlag 2008.

Lütolf, Alois: *Sagen, Bräuche und Legenden aus den fünf Orten Luzern, Uri, Schwyz, Unterwalden und Zug*. Hildesheim und New York: Olms Verlag 1976.

Mann, Klaus: *Tagebücher 1934 bis 1935*. München: Edition Spangenberg 1989.

Marcuse, Ludwig: *Geisterinsel Tribschen*. In: *Merian. Monatsheft. Luzern und der Vierwaldstättersee*. Heft 2/XVII. Hamburg: Hoffmann und Campe Verlag 1964.

Meienberg, Niklaus: *Reportagen 2.* Zürich: Limmat Verlag 2000.

Meier, Gerhard: *Die Ballade vom Schneien.* Bern: Zytglogge-Verlag 1985.

Meyer, E. Y.: *Die Rückfahrt. Roman.* Frankfurt a. M.: Suhrkamp Verlag 1973.

Müller, Kuno: *Innerschweiz. Essays.* Luzern: Verlag Eugen Haag 1960.

Müller-Ermensee, Anton: *Sagenhaftes aus der Stadt Luzern und dem Pilatusgebiet. Sagen und Legenden aus der Stadt Luzern und dem Pilatusgebiet.* Hitzkirch: Comenius-Verlag 1994.

Namujimbo, Déo: [ohne Titel]. Erstveröffentlichung.

Neumann, Konrad: *Der Eggbub erlebt den Sonderbundskrieg.* In: *Vestigia temporum. Aus den Schriften der Professoren an der höheren Lehranstalt des Kantons Luzern seit 1578.* Luzern: Räber Verlag 1968.

Nietzsche, Friedrich: *Sämtliche Briefe.* Bd. 3. München: Deutscher Taschenbuch-Verlag 1986.

Portmann, Beat: *Durst.* Zürich: Limmat Verlag 2008.

Raeber, Kuno: *Werke in 7 Bänden.* Bd. 6. München: Scaneg Verlag 2010.

De Reynold, Gonzague: *Schweizer Städte und Landschaften*. Zürich: Rascher Verlag 1932.

Richli, Anna. *Jahrhundertwende*. Luzern und Leipzig: Verlag Eugen Haag 1929.

Rilke, Rainer Maria: [ohne Titel]. Faksimile im «Luzerner Tagblatt» vom 12.10.1951.

Schilling, Diebold: *Die Schweizer Bilderchronik des Luzerners Diebold Schilling 1513*. Luzern: Faksimile-Verlag 1981.

Schopenhauer, Arthur: *Luzern*. In: *Umgang mit der Schweiz. Nichtschweizer über die Schweiz und ihre Erfahrungen mit ihr*. Frankfurt a. M.: Suhrkamp Verlag 1990.

Schriber, Margrit. *Rauchrichter*. München: Nagel & Kimche im Carl Hanser Verlag 1993.

Schukowski, Wassili Andrejewitsch: *An die Grossfürstin Alexandra Fjodorowna*. In: *Die russische Entdeckung der Schweiz: Ein Land, in dem nur gute und ehrbare Leute leben*. Zürich: Limmat Verlag 1989.

Scott, Sir Walter: *Karl der Kühne oder Die Tochter des Nebels [Anna von Geierstein]*. Stuttgart: Gebrüder Franck Verlag 1829.

Sebald, W. G. *Austerlitz*. München: Carl Hanser Verlag 2001.

Seume, Johann Gottfried: *Werke*. Bd. 1. Frankfurt a. M.: Deutscher Klassiker-Verlag 1993.

Simenon, Georges: *Als ich alt war. Tagebücher 1960–1963*. Zürich: Diogenes Verlag 1977.

Spitteler, Carl: *Gesammelte Werke*. Bd. 6. Zürich: Artemis-Verlag 1947.

Steinmann, Dölf: *Nachklang – Erzählungen*. Luzern: Verlag ars pro toto 2008.

Subinger, Karl: *Der Bauerngeneral. Erzählung aus dem Bernbiet*. Basel: Friedrich Reinhardt Verlag 1941.

Tolstoi, Leo Nikolajewitsch: *Die Kosaken und andere Erzählungen*. Frankfurt a. M. und Leipzig: Insel Verlag 1993.

Turgenew, Alexander Iwanowitsch: *Brief aus Florenz nach Simbirsk*. In: *Die russische Entdeckung der Schweiz: Ein Land, in dem nur gute und ehrbare Leute leben*. Zürich: Limmat Verlag 1989.

Twain, Mark: *Zu Fuss durch Europa*. Göttingen: Vandenhoeck & Ruprecht Verlag 1967.

Usteri, Johann Martin: *Dichtungen in Versen und Prosa*. Berlin: G. Reimer Verlag 1831.

Vazov, Ivan: *Luzern*. In: *Landschaft und Lyrik. Die Schweiz in Gedichten der Slaven. Eine kommentierte Anthologie*. Basel: Schwabe Verlag 1998.

Viragh, Christina. *Pilatus*. Zürich: Ammann Verlag 2003.

Von Bonstetten, Albrecht: *Briefe und ausgewählte Schriften*. Basel: Verlag Adolf Geering 1893.

Von Segesser, Agnes: *Als die Zöpfe fielen*. Luzern: Verlag Josef Stocker 1945.

Wagner, Richard: *An Mathilde Wesendonk*. In: *Umgang mit der Schweiz. Nichtschweizer über die Schweiz und ihre Erfahrungen mit ihr*. Frankfurt a. M.: Suhrkamp Verlag 1990.

Wildermuth, Ottilie: *Erzählungen und Märchen für die Jugend*. Stuttgart: Scheitlin Verlag 1855.

Wirz, Theodor: *Der Turi*. Luzern: Verlag Josef Stocker 1937.

Zhengzhi, Hu: *Bericht über eine Schweizerreise*. In: *Chinesische Reisen in der Schweiz. Aus dem ‹Garten Europas›*. Zürich: Verlag Neue Zürcher Zeitung 2000.

Ziqing, Zhu: *Die Schweiz*. In: *Chinesische Reisen in der Schweiz. Aus dem ‹Garten Europas›*. Zürich: Verlag Neue Zürcher Zeitung 2000.

Anonymus: *Festspiel ‹Pallas und Flora›*. In: *Vestigia temporum. Aus den Schriften der Professoren an der höheren Lehranstalt des Kantons Luzern seit 1578*. Luzern: Räber Verlag 1968.

Herausgeber

Dominik Riedo wurde 1974 in Luzern geboren; er wuchs im Stadtteil Littau auf und wohnt heute nach Abstechern ins Muotathal, nach Zürich, Berlin und Romoos als Schriftsteller und Präsident des Deutschschweizer PEN-Zentrums wieder an der Luzerner Reuss (Stadtteil Reussbühl). Zwölf Buchveröffentlichungen. Verschiedene Auszeichnungen, europaweite Auftritte. Von den Kulturschaffenden der Schweiz und der interessierten Bevölkerung direktdemokratisch zum Kulturminister der Schweiz ernannt (2007–2009).

PRO
LI
BRO
LUZERN

Verlag und Stiftung
Pro Libro Luzern

Der Verlag Pro Libro Luzern GmbH ist im Frühjahr 2006 gegründet worden und will die reichhaltige Kultur der Zentralschweiz mit Sachbüchern, ausgewählten literarischen Werken des 20. Jahrhunderts sowie Neuerscheinungen aus unserer Zeit dokumentieren. Im Anhang wird das aktuelle Programm vorgestellt.

Mit der im gleichen Jahr entstandenen gemeinnützigen Stiftung Pro Libro Luzern sollen die Herstellung und Verbreitung des anspruchsvollen Verlagsprogramms durch Donationen, Gönnerschaften und Sponsoring ideell und finanziell unterstützt werden.

Alle Bücher des Verlages sind im Buchhandel erhältlich (Auslieferung: AVA Verlagsauslieferung AG, CH-8910 Affoltern am Albis, www.ava.ch) oder können beim Verlag (Adligenswilerstr. 30, 6006 Luzern) oder per E-Mail: prolibro@bluewin.ch bestellt werden. Alle Informationen finden Sie unter www.prolibro.ch.

Die Sachbuchreihe «Kultur in der Zentralschweiz», 1997 begonnen, ist vom Verlag «Pro Libro» übernommen worden.

Literatur

Hans Leopold Davi
«Erlebtes und Erdachtes», Erzählungen, 2007, 92 S.
ISBN 978-3-9523163-7-5, Fr. 29.–
Davi führt in seinem neuen Erzählband Erlebtes aus seiner Kindheit, Berufslehre als Buchhändler und einem Aufenthalt in Ägypten vor. Dann führt er uns mit erdachten Geschichten in eine scheinbar irreale Welt, hinter der aber Alltagssituationen von uns allen stehen.

Heinrich Federer
Textauswahl und Nachwort von Charles Linsmayer
«Lieber leben als schreiben!», Erzählungen, 2008, 304 S.
ISBN 978-3-9523163-8-2, Fr. 36.–
Federer ist ein Klassiker der Literatur der Innerschweiz. Er ist nicht nur sprachlich brilliant, er ist auch ein Anwalt der Erniedrigten und Beleidigten. Es gilt, ihn in diesen ausgewählten Texten neu zu entdecken.

Heidy Greco (Hg.)
«Urner Krippenspiel» und andere Theaterstücke, 2010, 480 S., gebunden
ISBN 978-3-905927-10-8, Fr. 36.–
Theater hat in der Zentralschweiz eine lange Geschichte. Dazu will deser Band den Beitrag wichtiger Autoren im 20. Jahrhunderts in Erinnerung rufen. Die Auswahl geht von Meinrad Lienert (1865–1933) mit seinem «Schellenkönig» bis Thomas Hürlimann (1950) und seinem «Franzos im Ybrig». Platz haben aber auch Heinrich Danioths (1896–1953) «Urner Krippenspiel» und Heinz Stalders (1939) «Wi Uughüür us Amerika». Eine überraschende Vielfalt an Themen und sprachlicher Umsetzung.

Lydia Guyer-Bucher
«Die Leipzigerin», Roman, 2011, 186 S.
ISBN 978-3-905927-20-7, Fr. 29.–
Eine reiche, gebildete, sehr alte deutsche Dame lebt nach dem Tod ihres berühmten Arztgatten im Luzernischen Sursee. Im dortigen Altersheim wird sie von den Mitbewohnern bloss «Die Leipzigerin» genannt. Öfters allein in ihrem Zimmer sitzend, vergleicht die schöne und rüstige Greisin die aufregendsten Momente ihres Lebens auf einem Schloss, in Leipzig, Paris oder Frankfurt mit ihrer gegenwärtigen kleinen Welt im Städtchen am See. Ein familiäres Geheimnis verbindet sie mit der jungen Frau aus dem örtlichen Coiffeursalon, die ihr hilft, die bruchstückhaften Erinnerungen zu einem Ganzen zusammenzufügen. So kann die «Leipzigerin» schliesslich allen Lebenslügen ein friedliches Ende bereiten.

Otto Höschle
«**Selima**», Roman, 2011, 360 S.
ISBN 978-3-905927-19-1, Fr.32.–
Ein Vater und sein Sohn begegnen sich in der Innerschweiz als wildfremde Menschen und werden Freunde. Erst nach längerer Zeit entdecken sie, was sie verbindet. Eine abenteuerliche Beziehungsgeschichte nimmt ihren spannungsvollen Lauf.

Meinrad Inglin, Nachwort von Beatrice von Matt
«**Urwang**», Roman, Neuauflage 2009, 392 S.
ISBN 978-3-9523406-7-7, Fr. 36.–
Das Bergtal «Urwang» soll einem Stausee zum Opfer fallen. Fünf Bauernfamilien wehren sich. Trotz gütlicher Regelungen lassen sich zwangsweise Enteignungen nicht vermeiden. Das Thema Technik gegen Natur ist noch heute so aktuell wie 1954. Ein leidenschaftlich engagiertes Buch, das dank der grossen Erzählkunst Inglins anrührend menschlich und poetisch ausfällt.

Evelina Jecker Lambreva
«**Unerwartet**», Erzählungen, 2008, 160 S.
ISBN 978-3-9523406-2-2, Fr. 29.–
Die aus Bulgarien stammende und in der Schweiz lebende Ärztin erzählt von sehr unterschiedlichen Begebenheiten mit Frauen, Männern und Kindern, die unsere Nachbarn sein könnten. Wir sind mitten in der Gegenwart und ihrem Zeitgeist. Doch unerwartet ist stets das Ende der Geschichte.

Josef Vital Kopp, Nachwort von Pirmin Meier
«**Der sechste Tag**», Roman, 2. Auflage 2007, 280 S.
ISBN 978-3-9523163-5-1, Fr. 36.–
Josef Vital Kopps Roman «Der sechste Tag» ist erstmals 1961 erschienen. Er gehört neben Heinrich Federers «Am Fenster» und Meinrad Inglins «Werner Amberg» zu den drei bedeutendsten dichterischen Auseinandersetzungen der Selbstfindung auf dem schwierigen Weg des Kindes zum jungen Erwachsenen.

Gertrud Leutenegger, Nachwort von Urs Bugmann
«**Ninive**», Roman, Neuauflage 2008, 200 S.
ISBN 978-3-9523406-0-8, Fr. 36.–
Ein Text mit einer Mischung von poetischen Erinnerungen an die Kindheit, Traumsequenzen, Beschwörungen der Natur und Beschreibungen des Alltags. Dazu gehört eine glücklich-unglückliche Liebe.

Beat Mazenauer (Hg.)
«**Kleine Leute**» und andere Erzählungen, 2010, 394 S.
ISBN 978-905927-09-2, Fr. 36.–
Die erzählende Literatur aus der Zentralschweiz von Guido Bachmann bis Josef Zihlmann bestreicht ein weites Feld und kennt viele Gipfel. Im Dreieck zwischen dem engen Urnertal, dem urbanen Luzern und dem sanften Hügelland gegen Norden leben Menschen von unterschiedlichem Schlag. Es begegnen sich Dialekt und Kunstsprache, Heimatgeschichte und literarische Experimente – eine Literaturgeschichte in nuce.

Clemens Mettler, Nachwort von Joseph Bättig
«**Der Glasberg**», Roman, vom Autor überarbeitete 2. Auflage 2007, 208 S.
ISBN 978-3-9523163-4-4, Fr. 36.–
Als der Roman 1968 erschien, Mettlers erste Veröffentlichung, überraschte der Autor mit seiner ungewöhnlichen Begabung, lang aufgesparte innere Erfahrungen so in Sprache umzusetzen, dass aus Bildern ein Panorama und aus Sehnsüchten eine spannende Geschichte entstand. Die detailgetreue Schilderung weniger Stunden eines Tages wurde so zum Spiegelbild einer Zeit, die vom Wagnis des Aufbruchs geprägt war.

Annemarie Regez
«**Venedig im Dezember**», Erzählband, 2009, 145 S.
ISBN 978-3-9523525-6-4, Fr. 29.–
Regen, Nebel und Hochwasser. Und eine bis auf die Knochen dringende, feuchte Kälte. Eine Schnapsidee: Aufgrund eines dummen Streits mit seiner Frau findet sich Jacques Gerber plötzlich alleine in der Lagunenstadt wieder, und obschon er sich vornimmt, alles richtig zu machen, wird er gegen seinen Willen in ein ungewöhnliches Liebesabenteuer verwickelt. Überraschende Begegnungen sind es, welche die Figuren in diesem Erzählband aus den gewohnten Bahnen werfen und ihr Leben auf den Kopf stellen.

Theres Roth-Hunkeler
«**Was uns blüht**», Roman, 2009, 296 S.
ISBN 978-3-9523525-5-7, Fr. 36.–
Eine Frau und ein Mann haben Lebensmuster verlassen und richten sich zögernd anderswo ein. Sie begegnen sich im Kino. Alma nennt den Mann Dottore. Vorsichtig nähern sie sich an. In Island widmet sich der 23jährige Fab, Almas Sohn, halbherzig seinen Studien. Der Freundin Elin ist er zugetan, die Künstlerin Bibi lässt ihn nicht los, den Freund Hilar will er retten. Im Sommer 2007 erhält er Besuch von Alma in Begleitung des Dottore. Die nördliche Begegnung verläuft für alle anders als vorgestellt. Theres Roth-Hunkeler erzählt durchlässig, zeichnet ihre Figuren mit wenigen Strichen und lässt sie aus ihren Perspektiven sprechen. So entsteht eine vielstimmige Sprachmelodie, in die sich Landschaft, Wind und Stille mischen.

Theres Roth-Hunkeler
Nachwort von Beatrice Eichmann-Leutenegger
«**Die Gehschule**», Roman, Neuauflage 2009, 224 S.
ISBN 978-3-9523406-8-4, Fr. 36.–
Ein Buch über die Macht der Erinnerung und eine Kindheit auf dem Land. Im Zentrum steht eine junge Buchantiquarin, die mit einer Bilder- und Wörterflut im Kopf lebt.

Margrit Schriber, Nachwort von Beatrice von Matt
«**Kartenhaus**», Roman, von der Autorin überarbeitete 2. Auflage, 2008, 272 S.
ISBN 978-3-9523163-9-9, Fr. 36.–
Hanna, die Hauptfigur, kommt in das Haus ihrer Kindheit zurück. Es besteht aus Bildern, Träumen und Erinnerungen an den leidenschaftlichen Vater, die zaghafte Mutter, Räber den Knecht und den tödlich verunglückten Jungen aus der Nachbarschaft. Eine weibliche Kindheitsgeschichte von Rang.

Christoph Schwyzer (Hg.)
«**Augen Blicke**» und andere Gedichte, 2010, 164 S.
ISBN 978-905927-08-5, Fr. 36.–
Die rund 150 Gedichte von rund 60 Autorinnen und Autoren zeugen von der Vielfalt an Themen und Formen: vom schwärmerischen Naturgedicht über das in nüchternem Ton gehaltene Erzählgedicht bis hin zum scharfzüngigen, den Zeitgeist anklagenden Sinngedicht. So umfassend ist das Lyrikschaffen der Zentralschweiz noch nie dokumentiert worden.

Carl Spitteler, Auswahl und Nachwort von Dominik Riedo
«Unser Schweizer Standpunkt», Lesebuch, 2009, 432 S.
ISBN 978-3-9523406-9-1, Fr. 36.–
Ein Lesebuch mit verschiedenen Texten, darunter der Roman Imago, Erzählungen, Autobiografisches und Gedichte des einzigen in der Schweiz geborenen Literatur-Nobelpreisträgers.

Martin Stadler, Nachwort von Alexander Honold
«Bewerbung eines Igels», Roman,
vom Autor überarbeitete 2. Auflage 2007, 216 S.
ISBN 978-3-9523163-6-8, Fr. 36.–
1982 erschien Martin Stadlers erster Roman «Bewerbung eines Igels», eine Befragung des Gottesglaubens und eine radikale Auseinandersetzung mit Religion und konservativem Regionalismus. Der Faszination durch die Schönheit und geistige Weite der Liturgie steht die Engherzigkeit im katholischen Heimatmilieu gegenüber.

Martin Stadler, Nachwort von Thomas Bolli
«Verhängnisse», Erzählungen, 2008, 136 S.
ISBN 9078-3-9523406-1-5, Fr. 29.–
Der Autor berichtet in vier spannenden und aufregenden Erzählungen aus der Vergangenheit Uris und zeigt, dass es den Fundamentalismus auch in unserem Lande gegeben hat.

Heinz Stalder
«1001 See», Finnische Mythen und Momente, 2010, 198 S.
ISBN 978-3-905927-01-6, Fr. 29.–
Eine Hommage an das Sternbild des grossen Bären, die Eisbrecher und Dichter, die Tangosänger und anderen Tänzer, die Samen, die Holzflösser, die Ostgrenze, die Oper, Paavo Nurmi, den Elch, das Sommerhaus, die Trolle, die Sauna, die Architektur, die Birke, die Musik, den Wald, die Johannisfeuer, die Heidelbeeren, die Finnin und ihren Finnen.

Dank

FUKA-Fonds der Stadt Luzern
Verkehrsverein Luzern
Lucerne Hotels
Müller Stiftung

Impressum

2011, erste Auflage
Copyright: Verlag Pro Libro GmbH, 6006 Luzern
Lektorat: Thomas Goetz, Meilen
Gestaltung: Max Wettach, Luzern
Vertrieb: AVA Verlagsauslieferung AG, Affoltern am Albis
ISBN 978-3-905927-16-0

Bibliografische Information der Deutschen Bibliothek:
Die Deutsche Bibliothek verzeichnet diese Publikation in der
Deutschen Nationalbibliografie; detaillierte bibliografische
Daten sind im Internet über http://dnb.d-nb.de abrufbar.

Bildnachweis:
Der Verlag war bemüht, möglichst alle Bildnachweise vollständig anzugeben. Für unvollständige oder falsche Angaben möchten wir uns entschuldigen. S. 27, S. 28, S. 183, S. 187, S. 195: aus «Streifzug durch historische Landschaft», Atlantis Verlag, Zürich 1969; S. 5, S 49, S. 51, S. 62, S. 72, S. 109, S. 120, S. 130, S. 138, S. 176, S. 193, S. 201: Max Wettach, Luzern; S. 133: Walter Wettach, Luzern; S. 157: Archiv Gletschergarten Luzern; S. 13, S. 30: aus «Der Weg zur Gegenwart», Birkhäuser Verlag, Basel 1986; S. 15, S. 135: aus «Nietzsche und die Schweiz», Verlag Offizin/Strauhof Zürich 1994; S. 21: Ringier AG, Specter RDB; S. 23, S. 57, S. 65, S. 93, S. 103, S. 117, S. 118, S. 141, S. 161, S.166, S. 190, S. 203, S. 208: ZHB Luzern, Sondersammlung Bild; S. 35: aus «Luzern & Vierwaldstättersee», Edition Photoglob Co, Zürich o. O.; S. 38: aus «Luzern – Schweiz», o. V., o. O.; S. 45, S. 74, S. 145: Stadtarchiv Luzern; S. 69; Pirmin Bossart, Luzern; S. 76: Postkarte B. Jossen; S. 86: aus «Ist mir grosse Ehre von gleicher Sorte zu sein», db-verlag 2005, Luzern; S. 111: Holzschnitt aus der Chronik von Johann Stumpff, Zürich 1548; S. 133: aus «Luzern, ein kleines Stadtbuch», Verkehrsbureau Luzern, 1937; S. 162, S. 180: aus «Die Luzerner Holzbrücken», Raeber Verlag 1988, Luzern; S. 197: Staatsarchiv Kt. Nidwalden; S. 237: Hannes Schmid, Zürich; S. 69: Stefan Kälin/ Norbert Wiedmer, Schwyz; Titel «Margit Schriber» : Yvonne Böhler, Chernez/VD; «Carl Spitteler»: Carl Spitteler-Gesellschaft, Luzern.